常读·趣味集

速度与激情

◆ 骆　明　主编

西南财经大学出版社

“常读”系列编委会

你一定很少看书了，因为累；杂志也懒得看了，因为忙。

但你依然在看和读：早起的枕畔，浴室里面，午饭后的瞌睡间歇，临睡前的挣扎，你不时点开的手机屏幕上……

我们不能给你阅读的理由，但我们知道，有些内容可以让你的朋友圈更优雅。

我们不能拼接你碎片化的时间，但我们相信，有些阅读可以让你放慢脚步，哪怕只是假装。

目录

“骨灰级”球迷需要知道的若干段子

梅西、C罗与金球奖

名将与名帅

欧洲赛事与世界杯

中国足球

“骨灰级”球迷需要知道的若干段子

10个“骨灰级”德国粉①也不知道的段子

文/王恕

《世界杯冠军志之四冠德国全纪录》 体坛传媒编著 执笔记者：王恕

西南财经大学出版社 2014年11月

德国队是地球上最成功的国家足球队之一，四夺世界杯冠军，

① 即德国足球队球迷简称。下同。

从1954年开始，就从未缺席过世界杯决赛阶段比赛。而德国也是世界上唯一一个男足和女足都夺得过世界杯和欧洲杯冠军的国家……

1. 1934年世界杯1/4决赛，德国队以2∶1战胜瑞典队，顺利晋级四强，但是赛前球队却发生了一些小动荡。来自法兰克福的皮具商后卫格拉姆里希被他的犹太人雇主勒令必须在半决赛前赶回家，而巴伐利亚后卫哈灵格也因“病”离开，据说他的病因是“缺少啤酒”，而此前哈灵格已经违规吃了一个橘子，这是被主教练内尔茨明令禁止的。

2. 1938年世界杯是笼罩在二战阴影下的一届杯赛，“第三帝国”德国吞并了奥地利，希特勒逼迫已获得世界杯参赛资格的奥地利队退赛，并与德国组成联队参加世界杯。按照元首希特勒的指示，德奥联队每次比赛时，必须有5～6名奥地利球员出场，但是奥地利最出色的球员辛德拉尔却拒绝代表德奥联队出征。1939年1月29日，辛德拉尔的尸体在其公寓中被发现，官方给出的死因是一氧化碳中毒。

3. 1954年世界杯小组赛第二轮，德国队3∶8被匈牙利队横扫，赛后德国队主教练赫尔贝格收到20斤来信，绝大多数都是表达对此战主帅排兵布阵的不满。赫尔贝格后来说，夺冠后，他把这些信按照原地址又寄给了发信人，只不过在信中加上了自己的签名。

4. 1954年世界杯决赛，德国队2∶1战胜强大的匈牙利队，首次捧得世界杯。有一个关键先生被很多人忽略，他就是教练席上与主帅赫尔贝格坐在一起的那个男子阿迪 · 达斯勒，阿迪达斯的创始人。本届世界杯，阿迪 · 达斯勒为球队带来了一项秘密武器，一种可以根据地面的软硬和干湿程度来更换鞋钉的球鞋。新式球鞋帮助日耳曼战车在午后的大雨中上演“伯尔尼奇迹”。此后，阿迪达斯便一直是德国队的主赞助商，合约已经签到2018年。耐克曾于2007年开价5亿欧元要求赞助8年，价格是阿迪达斯现合同的6倍，但德国足协不为所动。

5. 弗里茨·瓦尔特是“伯尔尼奇迹”的代表人物，被认为是德国足球历史上首位传奇巨星及领袖人物。德国历史学家菲斯特曾经提出三个“联邦德国框架之父”，正是他们为二战后联邦德国的发展提供了坚实的基础，分别是二战后联邦德国首任总理阿登纳，政治和经济学家艾哈德——曾任经济和劳动部长并在1963成为德国总理，弗里茨·瓦尔特。由此可见1954年世界杯夺冠对振奋德意志精神的作用。但你知道吗？弗里茨还有两个弟弟——路德维希·瓦尔特和奥特玛·瓦尔特。兄弟三人都曾代表凯泽斯劳滕参加过比赛，奥特玛更是与弗里茨并肩征战1954年世界杯，是夺冠的主力，谱写了德国足球一段兄弟捧杯的佳话。1940年二战时，弗里茨曾被征召入伍，作为一名步兵被分配到法国战区，期间他在士兵中组织球队继续踢球，后来成为苏联的战俘。在罗马尼亚战俘营的一场比赛中，他得到了现场观战的苏联指挥官舒科夫的赏识，此后舒科夫一直保护着弗里茨和他的弟弟路德维希，使得兄弟两人能在1945年10月重返凯泽斯劳滕。

6. 1972年德国队获得欧洲杯冠军，这是继1954年世界杯后，德国足球的又一个大赛冠军。但是在当年的“联邦德国年度最佳球队评选”中，他们却输给了夺得1972年慕尼黑奥运会金牌的联邦德国男子曲棍球队，这被认为是“球队在1972年所遭遇的最惨痛失利”。

7.“我们的最终报价是7.5万马克”。

“不可能超过7万马克”。

这可不是菜市场讨价还价，而是决定贝肯鲍尔和他的队友们会不会去参加1974年世界杯的关键一夜。联邦德国足协此前从未讨论过夺冠奖金的问题，因为他们认为球员为国征战是天经地义的事。但是，当球员们了解到，意大利人的夺冠悬红是12万马克，荷兰人则是10万马克时，他们爆发了。足协最后妥协，称如果能夺冠，将奖励每人3万马克，球员还价到10万马克，随后足协提升到5万马克，球员继续还价7.5万马克，依然有2.5万马克的差价无法弥补，于是便出现了前面提到的联盟德国足协主席纽贝格和国家队队长贝肯鲍尔之间的那一番对话。最后，贝肯鲍尔将7万马克的报价告诉了队友，并建议投票决定是否参赛，结果是11对11。此时，贝肯鲍尔站了出来，请求队友接受这个价钱，经过一段时间的沉默后，所有人都表示支持队长的决定……然后，就有了第二个世界杯冠军……

8. 德国队第二度举起世界杯时，在小城哈瑙，一个15岁的孩子含着热泪看完了这一幕。当老师让自己的学生在一张纸上写下自己将来想做什么的时候，这个孩子写道：“我要成为联邦德国队国脚，我要成为世界冠军。”这个孩子就是沃勒尔，16年后，他实现了当年的梦想。

9. 1982年世界杯半决赛，联邦德国队遭遇法国队，这是世界足球经典战役之一。两队在120分钟内打入6球，也成为世界杯历史上首场需要点球决战才能决定胜利者的比赛。上半场，法国队的巴蒂斯通被联邦德国队门将舒马赫恶意撞翻，当即昏迷不醒，“连脉搏都没有了”（法国队队长普拉蒂尼语），而肇事者却一副事不关己的样子。巴蒂斯通随即被送往医院，医生发现他门牙脱落。听到这个消息后，“坏小子”舒马赫的第一反应居然是：“都是职业球员，没什么大不了的，补牙的钱我来出。”事后，法国媒体做了一个“你最讨厌的德国人”的调查，伟大的舒马赫先生毫无疑义地当选第一名，将希特勒都挤到了次席。

10. 2004年欧洲杯德国队小组赛时即遭淘汰，不但没有出线，甚至没有一场胜利。随后，德国队主帅沃勒尔向足协提交辞呈，他的理由很简单，离2006年德国世界杯只有两年时间了，自己没有能力再进一步提高球队水平，希望留给新帅足够多的时间，以面对接下来的本土世界杯。沃勒尔离开后，德国足协陷入了漫长的选帅，希斯菲尔德、道姆、雷哈格尔、海因克斯、希丁克等名帅相继拒绝邀请，足协甚至破天荒地宣布成立选帅小组，由贝肯鲍尔、职业联盟负责人哈克曼、足协秘书长施密德和沃菲尔德四人负责。德国最有影响力的杂志《明镜周刊》甚至刊登了这么一段话：“您是不是一直想为自己的祖国做点什么？拯救德国足球？那么，请把您的求职申请寄德国足协吧，时间紧迫！”

10个“骨灰级”阿根廷粉也不知道的段子

文/程征

《世界杯冠军志之阿根廷》体坛传媒编著　执笔记者：程征

西南财经大学出版社　2014年5月

阿根廷国家男子足球队，世界足坛最能点燃激情与泪水的球队，有着超豪华阵容和一大批巨星，它也承载了太多悲情的故事。

正犹如这个国家的精神象征切·格瓦拉一样，阿根廷夺冠之路如此崎岖，一批又一批的潘帕斯雄鹰饮恨绿茵场……

1. 1867年6月20日，南美洲有记载的第一场正式足球比赛就出现在“白银之国”阿根廷。一对名叫霍格的兄弟组建了一家俱乐部，并在《旗帜报》上刊登出比赛通知，号召有意愿者报名参加。比赛之后，《旗帜报》对此进行了连续三天的报道，这也成为考证的根据。不过，比赛当天，每队上场队员却只有8人，因为有几位球员对穿着短裤在女士面前奔跑心存疑虑，面子上过不去，最终放弃。

2. 1978年世界杯，阿根廷队在本土夺冠。队中10号肯佩斯发挥出色，居功至伟，随即成为民族英雄。但在他年少时还有这样一个趣事：1971年，17岁的肯佩斯得到了一次去科尔多瓦学院俱乐部试训的机会。招新的教练罗德里格斯让所有少年自报家门和喜欢打的位置。“我姓阿吉雷拉，来自贝尔比勒。”轮到肯佩斯时，他撒了谎。教练问道：“你认不认识一个姓肯佩斯的少年？他也住在你们那里，听说他球踢得非常好。有人发了疯一样推荐他，认为他是个天才。”“不，先生，我不认识他。”肯佩斯决定撒谎到底，因为他听说这位教练从来不听别人的推荐，只相信自己的眼睛。幸运的是在测试赛中，肯佩斯在15分钟内打进2球，被录取了。教练才知道，眼前这个少年就是“名声在外”的肯佩斯。

3. 马拉多纳小时候便展现了惊人的天赋。1969年，一位名叫科内霍的教练组织了一支小球队，名叫“小洋葱头队”，全队都是

12～13岁的球员。而马拉多纳在队中年龄最小，只有9岁。但在随后几年的比赛中，“小洋葱头队”在马拉多纳的带领下，书写了136场不败的纪录，轰动一时。1971年9月28日，小马拉多纳的照片被刊登在阿根廷第一大报《号角报》上。阿根廷青年人队对他大加赞赏，请他在甲级联赛中场休息时上场表演。他的表演也吸引了电视台的注意，后来一档名为“旋转星期六”的栏目把他请上荧幕。这是当时收视率最高的节目。

4. 阿根廷现代史上有四大传奇人物，马拉多纳是其中之一。但人无完人，他被牵扯进多起司法事件，这也是其传奇人生的重要组成部分。除了1991年的吸毒事件以及1994年的用气枪袭击记者事件外，就是私生子案与欠税案。老马可谓球场得意，情场也风流，媒体上曝光的并对球王提起抚养诉讼的私生子案件就有三起。老马在回应时也颇有性格：“接受不等于认下。过去的错误我在用金钱支付。法官要求我出钱，但是不能让我接受对他们的爱。”出来混迟早要还，老马年轻时犯下的错，报应算是落到女儿头上了：阿圭罗与詹妮娜当年的金童玉女之恋被传为佳话，但遭遇第三者插足后，转眼已劳燕分飞了。

5. 帕萨雷拉是阿根廷足球历史上一个性格球星。作为队长，他夺得了1978年世界杯，到1986年阿根廷再次夺冠，他仍是冠军队成员。1989年在河床退役后，1994年拿起国家队的教鞭。由于性格过于强势，他与媒体关系长期不和。在法国世界杯上，还勒令球员剪去长发，雷东多因此与他不和，拒绝参加比赛。此后，他在教练的岗位上沉沉浮浮。2009年12月，他在河床俱乐部的竞选中胜出，坐上了主席的宝座。

6. 阿迪莱斯是1978年阿根廷冠军队主力中场，是肯佩斯的同乡以及国家队好搭档。退役后阿迪莱斯开始了教练生涯，先后执教过热刺、墨西哥瓜达拉哈拉、萨格勒布克罗地亚人、阿根廷竞技、飓风以及日本几家俱乐部。1981年，还是球员的阿迪莱斯和贝利、史泰龙等人一同参演了美国著名影片《胜利大逃亡》，此片被称为有史以来最伟大的足球电影。

7. 巴尔达诺是1986年世界杯阿根廷冠军队的主力前锋，后来在西班牙当教练，先后执教过特内里费、皇马和巴伦西亚，并担任过皇马的总经理。作为球员，巴尔达诺无疑是成功的，但你知道吗，他的笔杆子也为人称道，迄今为止共有5本著作出版，其中包括《足球之梦》《足球故事》等。而且，他还经常为媒体撰写专栏，坚持了多年。

8. 比拉尔多作为1986年世界杯冠军队主帅，也是逆阿根廷足球传统的战术大师。他凭借实用主义和注重防守的足球哲学，在阿根廷足坛自成一派。他1938年出生，少年时期边踢球边上学，后来成为了职业球员和妇科医生！

9. 有这么一个悲催阿根廷球员：10个月大时，自己不慎跌入开水中，从耳朵、脖子到前胸留下一条巨大伤疤，从此破相。随后，他的父亲在一次黑社会巷战中中弹死亡，母亲因种种生活不幸变得精神恍惚，无法抚养孩子，只得把他交由好心的邻居收养。他的一个弟弟在2006年因非法携带枪支弹药而惹上官司，另一个弟弟2010年在机场盗窃车辆被判刑16年……他是特维斯。

10. 马斯切拉诺代表阿根廷拿过2004、2008两届奥运会足球金牌，是2008—2011年间的阿根廷国家队队长，他也是世界足球史上极其罕见的先进入国家队而后成为职业球员的人。2003年7月16日，19岁的马斯切拉诺代表国家队参加了与乌拉圭的一场友谊赛，15天后才在河床队登上阿根廷甲级联赛的赛场。

10个“骨灰级”荷兰粉也不知道的段子

文/夜雕

《世界杯冠军志之无冕之王荷兰》体坛传媒编著　执笔记者：夜雕

西南财经大学出版社　2014年5月

明快的橙衣、性感的踢法，荷兰队拥有吸引球迷的“天生丽质”。纵然2010年世界杯范马尔韦克的荷兰队和2014年范加尔的荷兰队不够“风骚”，但这只是相对荷兰队自己的高标准而言。虽然荷兰队从未夺得世界杯冠军，但“橙迷”不用低声下气，因为即使是其他国家队的球迷，对荷兰队也是有好感的居多。

1. 1974年决赛前一天，德国《图片报》爆出了一篇题为《克鲁伊夫、香槟、裸女和鸳鸯浴》的“猛料”：4名荷兰国脚与两名德国女子在驻地游泳池内进行了“裸体派对”。《图片报》还称有照片为证，但是直到今日，他们也没有将照片公之于众。结果克鲁伊夫踢出了自己在1974年世界杯上最差的一场比赛，“游泳池事件”成了媒体最好的武器。

赛后有消息称因为“游泳池事件”，克鲁伊夫的妻子丹妮于决赛前与他在电话中聊了一整晚，这导致了克鲁伊夫在决赛中表现不佳。克鲁伊夫自己在2008年对此回应：“作为一名球员的妻子，她不该受到这种待遇。这种事从1974年就开始了，人们都说是因为她在决赛前天晚上给我打电话，导致我第二天对德国的决赛发挥不好。书上这么写只是想哗众取宠。在那几周里，荷兰队驻地和她的住处间没有电话线，我们几周都没有联络。”

2. 1978年世界杯，31岁的克鲁伊夫宣布缺席。而在三十年后，他透露，自己没去参加阿根廷世界杯是因为自己和家人遭到了绑架威胁。1977年9月21日，一名操荷兰语的西班牙男子敲响了克鲁伊夫在巴塞罗那的家门，自称是送包裹的邮递员。因为对方讲荷兰语，没有任何戒心的丹妮打开了房门。这名男子进来后，立刻举起短筒猎枪让克鲁伊夫及家人趴在地上，后来通过前来串门的邻居的营救，克鲁伊夫全家脱险。

克鲁伊夫称，“那是一段非常可怕的时期，家里毫无安全感。4个多月，我的家庭处在警备保护之下，警察直接就睡在我们的卧室里。孩子上下学也有专人护送，他们还小，甚至都不知道这是怎么回事。有时你会想了结这一切：够了，干脆挂靴回阿贾克斯搞青训工作吧！”

3. 巴斯滕的过早退役实在是荷兰足球一憾，而导致他退役的祸因却是自己埋下的。1986—1987赛季的欧洲优胜者杯，阿贾克斯以统治级表现夺得冠军，队内最佳球员毫无疑问是巴斯滕。值得一提的是，巴斯滕在这个赛季中已经开始饱受右脚踝伤势困扰。很多人因为巴斯滕记住了维尔乔沃德、博利等凶猛后卫，但其实最早重伤巴斯滕右脚脚踝的是……他自己。1986年冬，一场阿贾克斯对格罗宁根的荷甲比赛中，巴斯滕在防守时放铲伤到了自己的脚踝，从那之后巴斯滕便一直饱受右脚踝伤势困扰，直至退役。

4. 1988年欧洲杯预选赛期间，荷兰主帅米歇尔斯得到“线人”密报：荷兰足协的一位执行委员对于球队的良好势头很是不爽。这位执委希望球队中大多数主力的俱乐部（阿贾克斯）主教练克鲁伊夫能够在荷兰队的技术事务中拥有话语权，而国家队的良好表现使得他没有机会实现自己这一想法。这也埋下了米歇尔斯、克鲁伊夫这对师徒最终交恶的祸根。

当然最让米歇尔斯不能容忍的是报纸上出现了以下报道：阿贾克斯的国脚们在回到俱乐部之后，会被克鲁伊夫重新教授如何踢球！米歇尔斯随后递交了辞呈。荷兰足协一开始同意了米歇尔斯的辞职请求，但要求他支付45万荷兰盾的违约金。足协执行委员会同时认为，埃因霍温俱乐部提供的一份合同才是导致米歇尔斯想要辞职的真正原因。米歇尔斯坚持与足协开会讨论去留问题，在最后一次会议上，一名足协委员向米歇尔斯问道其是否仍有动力率领荷兰出征欧洲杯，令米歇尔斯大怒不已。

5. 1987—1988赛季，里杰卡尔德与阿贾克斯主教练克鲁伊夫爆发猛烈冲突。克鲁伊夫原本希望在巴斯滕离队后，里杰卡尔德能够站出来担任球队领袖，然而个性内敛的里杰卡尔德对此毫无兴趣。再加上克鲁伊夫在训练场上喋喋不休，里杰卡尔德长期积压的怨气终于爆发，并放出话来自己宁愿在阿贾克斯二队踢球，也不愿意再参加克鲁伊夫的训练。里杰卡尔德原本已经和埃因霍温草签了一份合约，克鲁伊夫对此也是气不打一处来，“里杰卡尔德在合约期满之前哪儿也别想去！”里杰卡尔德最终被租借去了西甲的萨拉戈萨。阿贾克斯这个赛季乱成了一锅粥，克鲁伊夫也在冬歇期后与董事会爆发冲突，辞去了主教练职务。

6. 1988年欧洲杯，首战苏联，在荷兰队全体成员乘坐大巴前往球场的过程中，荷兰足协又有了雷人之举。原本从酒店去往球场只需要半个小时，但大巴司机竟然绕路而行，最终闯红灯还花了一个半小时才到达球场。大巴司机如果没有得到上面的指示，借他十个胆也不敢拿自己的职业开玩笑。真实情况是，大巴绕路是为了去荷兰足协和赞助商们下榻的酒店，这样一来荷兰足协官员和赞助商们便可以在大巴经过时向大巴挥手致意……

7. 1990世界杯，完全是荷兰自己将自己“作”死的一届世界杯。首先是以队长古力特为代表的球员对现任主帅利布雷赫茨不满，认为他缺乏能力。于是足协只能无奈希望他下课，但是利布雷赫茨带队的预选赛成绩非常出色，他自己拒绝辞职，并决定与足协对簿公堂。荷兰法院想要知道队中有多少球员希望利布雷赫茨下课，足协为收集证据不得已召集所有队员进行了一次投票。利布雷赫茨最终下课，之后在谁接手的投票上，克鲁伊夫票数最高，但是在足协任职的米歇尔斯最终建议足协选择了票数第二的本哈克。球员们极为愤怒，米歇尔斯瞬时成为公敌。

身兼荷兰队和阿贾克斯主帅两职的本哈克，当然也知道这些球员都不是省油的灯，尽管球队纸面实力看上去罕有匹敌。在备战期的训练场上，米歇尔斯“亲力亲为”，身为国家队技术顾问的他竟然参与制定每一堂训练课，球员们对米歇尔斯的不满情绪与日俱增。而身为主教练的本哈克则像是个标准的傀儡，一副事不关己高高挂起的态度。

8. “婆媳大战”爆发在世界杯前的一场训练课上，荷兰还是像往常一样训练。训练基地来了三名记者采访米歇尔斯。荷兰队在这届大赛上有条纪律：采访不得在训练场上进行。而此时，显然米歇尔斯已经违纪了，所有的队员都在等着主教练本哈克出来说话。而本哈克保持沉默，无动于衷。原本就对米歇尔斯心怀怒气的队员终于忍不住了，科曼率先发难，要求古力特去告诫米歇尔斯。科曼挑了头，队员们便一起怂恿古力特。

古力特对身边的荷兰首席新闻官赫尔·斯托尔克说道：“赫尔，请你转告米歇尔斯先生，他应当遵守纪律。”斯托尔克颇感为难：“可是吕德，他是米歇尔斯先生啊！”古力特有些生气地回应道：“那又怎么样？我要你马上去讲！”手足无措的斯托尔克战战兢兢地找到米歇尔斯，开口来了句：“队长请你离开训练场。”米歇尔斯的反应可想而知，火山爆发般吼了句：“我和那个队长狗屁关系没有！”在场所有人都听到了这句话，作为教练的本哈克却始终一言不发。

9. 1994年世界杯，古力特临阵退赛。备战期间，主教练艾德沃卡特选用了风险极高的343体系。古力特对此颇为不满，古力特认为在美国炎热的天气下，使用343纯属自寻死路，他希望球队采用更加保守的战术体系。在对阵苏格兰队的热身赛之后，古力特找到艾德沃卡特，通知他自己将不会参加即将开打的美国世界杯。年轻的主教练哪里见过这种状况，当场不知所措，他让古力特回去再考虑一晚。古力特的看法没有改变，第二天，古力特和艾德沃卡特召开新闻发布会，正式宣布退赛决定。古力特同时表示自己将永久退出荷兰国家队。

10. 1996年的欧洲杯，荷兰队的内讧终于有了帮派建制。“电缆帮”荷文名为De Kabel。电缆帮的主要成员为博加德、戴维斯、克鲁伊维特、雷齐格和西多夫5人。这5名来自于苏里南的黑人球员当时皆效力于阿贾克斯，在一档足球访谈类节目上，嘉宾戴维斯、克鲁伊维特和西多夫用电缆一词形容彼此之间的关系。

电缆帮与其他白人球员之间的交恶由来已久，之后因为在同瑞士队的比赛中，希丁克26分钟就将西多夫换下，引发了另一名“电缆帮”成员戴维斯的极度不满，他认为希丁克过多地听取了队中一些白人球员的意见，之后便对记者表示：“（希丁克）应该把他的脸从球员们的屁股里挪出来，这样他就能看得更清楚一点。”

10个“骨灰级”巴西粉也不知道的段子

文/小中

《世界杯冠军志之巴西》体坛传媒编著　执笔记者：李海龙

西南财经大学出版社　2014年5月

巴西国家男子足球队，以五次夺得世界杯冠军而笑傲全球，从未缺席过世界杯。贝利、加林查、济科、罗马里奥、罗纳尔多、罗纳尔迪尼奥、卡卡等巨星交相辉映……

1. 1938年法国世界杯小组赛首战对阵波兰队，巴西著名球星“黑钻石”莱昂尼达斯打进了世界杯历史上唯一的一粒“光脚进球”。比赛中，莱昂尼达斯的球鞋破了，站在波兰队禁区附近的他准备去场边换鞋。波兰门将发出门球，在触球的一刹那，他脚下打滑，皮球正好踢到莱昂尼达斯脚下。对方门将失误送大礼，莱昂尼达斯可不客气。尽管一只脚光着，一只手提着破了的球鞋，莱昂尼达斯抬脚就射，破门得分，用的正是光着的右脚。

2. “黑钻石”莱昂尼达斯可谓巴西足球界第一代知名球星。巴西人称之为“第一个贝利”，此外他还被尊为“倒勾之父”，因为在1932年4月24日举行的一场里约州联赛上，莱昂尼达斯做出了第一个倒勾动作。然而在1914年的一场比赛中，一位名叫阿斯拉的智利球员已经在实战中使用了倒勾球，随后智利为那个动作起名“智利式（chilena）动作”。时至今日，在所有西班牙语系的国家里，倒勾球都被称作“智利式”。然而更不幸的是，在1938年法国世界杯上，“黑钻石”还有过一个倒勾破门，但因为当值主裁判没见过这种踢法，这个进球被判无效。

3. 1950年世界杯决赛的“马拉卡纳惨案”对巴西民族造成了巨大的影响：是不是白色球衣带来了坏运气？这直接导致了巴西队改换球衫颜色。1953年，里约热内卢的《晨邮报》举办了为巴西队设计新队服的比赛，要求很简单：新队服要使用黄色、绿色、蓝色、白色四种巴西国旗上的颜色。最后时年18岁的漫画家席勒夺魁：他设计的队服为黄色球衣，有绿色的点缀；球裤是蓝色的；球袜则是白色的（正如现在的巴西队传统的主场队服）。令人意想不到的是，出生在巴西的席勒却是乌拉圭队的死忠球迷。

4. 1958—1970年四届世界杯，在巴西队阵中都配有一名牙医，名叫特里戈。当时巴西并不发达，球员知识水平也不高。特里戈告诉巴西队员，牙齿有问题甚至会影响身体健康，使身体虚弱，尤其是延缓伤病恢复。单在1958年世界杯上，特里戈就为33人拔了总共118颗牙，不只是球员，教练组也未能幸免。在离开巴西去瑞典之前，特里戈还为一位球员拔了14颗牙，创下了一个记录。而这个倒霉蛋不是别人，正是加林查。

5. 1958年世界杯是巴西队球员“外号”大行其道的一届世界杯。22人中有9人是使用“外号”报名的。巴西队“外号”泛滥也让记者开起了玩笑。记者演绎道：“巴西队训练中。一位记者问另一位记者，‘你拿到巴西队的出场名单了吗？’‘拿到了。都都（Dudu）是门将，达达（Dada）和达都（Dadu）是中后卫。中场有多多（Dodo）、都迪（Dudi）和都达（Duda）。在前场的则是迪迪（Didi）、迪达（Dida）、德达（Deda）和达德（Dade）。’‘你确信这个名单准确无误吗？’‘没错儿。我采访了主教练。’‘可我以为德都（Dedu）会上场呢。’”

6. 1958年巴西队在世界杯决赛时第一次穿蓝色球衫出战。关于蓝色球衫的诞生还有一段小故事。巴西队球衫主色为黄色，而对手瑞典队球衫主色也是黄色。按照规则，也出于对东道主瑞典的尊重，巴西队必须改穿其他颜色球衫出战。可巴西队没想到会走那么远，更没想到会在决赛遇到同样穿黄色球衫的队。撞衫了怎么办？球队临时决定改穿蓝衫。于是巴西队派人去小市场上买来蓝衫，从黄衫上撕下巴西体育联合会会徽缝上去，就成了巴西队第二套队服。

7. 1958年巴西队夺冠，门将吉尔马尔也居功至伟。在1962年智利世界杯上，吉尔马尔作为主力，助巴西蝉联世界杯冠军。他也成了世界杯历史上唯一一位两夺世界杯冠军的门将。不过在1966年的世界杯上，吉尔马尔没能延续神奇，巴西队中途就被淘汰。1/4决赛对威尔士队时，吉尔马尔对右后卫德索尔迪说，这场比赛对巴西至关重要，如果需要的话，我愿为巴西而死！德索尔迪也不含糊，回答说：如果要死的话，那让我们一起死。不知是一语成谶还是巧合，吉尔马尔和德索尔迪死于同一天，两人都是在2013年8月25日去世。

8. 1962年世界杯堪称史上最肮脏的世界杯之一。比赛才开始5天，已经有大约50名球员因对手粗野犯规而受伤。贝利就是在第二战对捷克斯洛伐克队时受伤，直到那届比赛结束也没能上场。不过正是贝利的受伤使“小鸟”加林查得以“尽情”飞翔。

世界杯期间，巴西女歌手埃尔萨跟加林查相爱，也激发了鸟叔的战斗力。他在队友面前发誓要为情人献上金杯，尽管埃尔萨对金杯代表什么一无所知。此外，迪斯蒂法诺也曾挑衅小鸟：就算11个加林查在场上，巴西也赢不了世界杯。加林查随后带领球队勇夺世界杯冠军，也让他成了那届世界杯的绝对主角。

9. 天才往往性格乖张。在足坛，这类人也层出不穷。罗马里奥就是这样一个天使与魔鬼的结合体。作为不世出的天才，罗马里奥的世界杯之旅却颇为坎坷，1990年世界杯提前伤退，并与多名球员和教练“不对付”。“独狼语录”也应运而生。什么“所谓好教练，就是那种不给别人添乱的人”；“为什么要训练呢？我已经知道怎么踢球了”等。对于夜生活，“独狼”也有高论：“如果我睡得太多，我就进不了球了，因此我喜欢夜生活。”对于前辈贝利，罗马里奥指出：“闭上嘴巴的贝利是一位诗人”。“独狼”最自负的一句话是，“当我出生时，指着我说：‘那就是我选中的家伙’”。活脱脱就是那个时代的穆里尼奥啊！

10. 2010年世界杯，巴西迎来新老交替，卡卡成为核心。但自2007年荣膺世界足球先生后，卡卡伤病不断，状态也每况愈下。直到世界杯开幕，卡卡还在通过比赛找状态。小组赛第一场对阵朝鲜队，卡卡表现浑浑噩噩。第二场对阵科特迪瓦，卡卡逐渐找回状态，贡献两次助攻，也引来了科特迪瓦人对卡卡的粗野犯规。卡卡因与主裁判抱怨和报复科特迪瓦球员凯塔吃到两张黄牌，被红牌罚下。那是卡卡职业生涯第三张红牌，也是他2003年转会米兰后拿到的第一张红牌。卡卡是巴西世界杯历史上第10位10号，也是巴西历史上第10位拿到红牌的球员。

10个“骨灰级”英格兰粉也不知道的段子

文/刘川

《世界杯冠军志之英格兰》体坛传媒编著　执笔记者：刘川

西南财经大学出版社　2014年5月

温布利门线悬案、加斯科因的眼泪、阿兰·希勒标志性的庆祝动作，不是英格兰经典段子要说的故事，比西蒙尼暗算贝克汉姆更劲爆的阴谋，比爆笑足球更让人捧腹的欢乐场面……

1. 1933年5月，英格兰队拜访意大利，赛前英足总做出了一个大胆的决定：“让阿森纳俱乐部主帅查普曼随队前往罗马。”在此之前，英格兰队不设带队主教练，也没有人负责球队的战术部署，球队出场名单由英足总的国际赛事遴选委员会裁定。查普曼在罗马的职责和主教练相仿，他先是在比赛前召集全队进行了基本的战术部署和安排。上半场球员列队出场后，英足总将球队更衣室的钥匙也交给了查普曼掌管，让他上半场结束后率领球员回到更衣室做进一步部署，结果这位传奇主帅竟然把钥匙在场边弄丢，中场休息时球员们只能站在走廊布置战术。

2. 查普曼出生于一个煤矿工人家庭，球员时代平淡无奇，退役后却逐渐成为英格兰历史上罕有的传奇主帅。查普曼精力旺盛程度让人惊叹，除了革命性的创造出“WM”阵型外，他还对球队训练和比赛细节进行了许多大胆的创建。正是他最早为球场上球员分配数字号码，并且将其印在球衣的背面，从而大大提高了观众对球员的识别程度；同时他还创造性地在光线不佳的夜场比赛中使用广泛灯组照明！

3. 二战战事吃紧，英国政府开始进一步募兵。英格兰代表队队长，当时效力于阿森纳的哈普古德应征入伍，但是他在军营遇到了麻烦。在报到当天，一名下士点名问道：“你和阿森纳队的哈普古德有什么关系？”他答道：“长官，我就是阿森纳队的哈普古德！”结果这名下士不但没有照顾哈普古德，反而神经质地大笑道：“小家伙，你为这么有品位的一支球队效力，我们在这也得给你安排一些美妙的工作。”他扔给哈普古德一把刷子，先让他去擦洗军营的地板，紧接着又派这位国家队队长去打扫厕所。

4. 1943年9月25日，英格兰战时代表队迎战威尔士队。威尔士队的鲍威尔突然受伤，临时离场，而威尔士队那次好不容易凑齐首发11人，没有替补人选。这个时候，以英格兰队替补球员身份在场边观战的莫特森突然接到了自己足球生涯最为奇怪的一道命令，要他临时加入威尔士队，立即替换鲍威尔上场。就这样，莫特森悄悄脱下英格兰队的白色球衣，换上了威尔士队的红色战袍上场。有意思的是当天比赛的8万球迷，且没有一个人发现威尔士队中“混”进了一个英格兰人。事实上相当一部分英格兰球员也不知道自己的队友已经“潜伏”到了威尔士队在和自己对阵。

5. 1950年世界杯堪称历史上组织最为混乱的一届世界杯。苏联和匈牙利等东欧社会主义国家，对这类主办权不在本方阵营手中的所谓国际赛事持抵制态度。而德国则仍然处于被国际足联除名的状态。除政治原因外，阿根廷足协不愿意和巴西足协冰释前嫌，拒绝参赛。苏格兰队弃权，替补拿到入场券的土耳其足协因旅费无法报销再次弃权，国际足联为了凑齐16支球队，邀请未能晋级的葡萄牙和法国补缺，结果葡萄牙队婉言谢绝，法国队则接受了邀请。最让人啼笑皆非的是印度队，作为唯一代表亚洲参赛的球队，印度队因国际足联禁止球员赤脚参赛的法令退赛，因为处于热带地区的印度队队员当时习惯赤脚比赛。当然，“赤脚退赛说”此后被印度方面否认了。

6. 1950年6月25日，对于英格兰体育而言仿佛是被诅咒的一天，英格兰板球队有史以来第一次在主场输球，对手是西印度群岛队。也正是在这一天，不可一世的英格兰代表队在世界杯上被一支临时拼凑起来的美国队1:0击败。时任《每日镜报》记者肯·琼斯如此形容当时自己同事的反应：“当负责接收前线信息的助理编辑抄下0:1的比分时，他的第一反应不是惊骇，而是微微一笑，他当时认为这一数字肯定是在传输时出了什么讹误，于是他找了支钢笔，将比分改写成了更加合乎情理的数字——10:1。”据说那天误以为电报系统出现故障，而私自将比分改写成10:0和10:1的报社编辑不在少数。美国那边也同样对这一结果猝不及防，由于世界杯在本土影响甚微，现场仅有一名自费来的美国记者，因为报社不认为这项赛事有关注和报道的价值，拒绝给他报销旅费。焦头烂额的并非只有文字记者，当天报道比赛的摄影记者，因为预计英格兰队会血洗美国队，所有的摄影记者上半场全部都跑到美国队球门后方蹲守，这导致他们中没有一个人抓拍到盖廷斯头球破门的瞬间。

7. 1962年世界杯，英格兰队吸取了之前在南美比赛苦不堪言的经验教训，为了最大限度避开外界的干扰，球队将驻地设在智利哥雅山区的一座隶属于美国布莱登铜矿公司的营地。在智利这样的南美国家，一家大规模矿产公司的营地通常要比当地酒店的设施好得多。尽管如此，不少球员还是无法适应这里的生活。格里夫斯每晚都会被密集的雨点砸在房顶的声音吵醒，而一到晚饭时间，球员们都得胆战心惊地穿过一座狭窄而年久失修的危桥。1962年的英格兰队与其说是去征战世界杯，不如说是被发配到边远矿区去接受劳动改造。而在南美洲这种地区常驻，英足总居然没有为国家队配备专门的队医。后卫彼得·斯旺，在随队出征前患上了普通的扁桃体炎，但由于没有及时得到正确的医治，斯旺一度病危，最后能活着返回英格兰，已经是他的造化了。

8. 1966年率领英格兰队获得世界杯冠军的功勋教练拉姆齐，在选择球队队长时让人大吃一惊。他既没有选择查尔顿，也没有选择弗劳尔斯，而是破格提拔了一位年轻人——博比·穆尔。很多媒体猜测，拉姆齐之所以对穆尔青睐有加，是因为穆尔和他年轻时颇为相像。两人都出生在伦敦，一样在平时寡言少语，一副谦谦君子的样子。他们性格偏向保守，外表朴实，不像当时那些开始沉迷于时尚发型和前卫穿着的球员。穆尔和此前英格兰队历史上最伟大的队长赖特一样，是一个不喜欢虚张声势地大嗓门吆喝、在场上严于律己、以身作则的领袖型球员。在将队长袖标交给穆尔时，拉姆齐郑重其事地对他说道："从今往后，不管你在场上做了什么，只要你认为这是必要的决定，我都会无条件地支持。"拉姆齐对此说到做到，而穆尔也在之后10年的时间里最大程度地回报了主帅的信任。

9. 之前两次赴南美洲参加世界杯，英格兰队的准备工作都难称出色。为了避免重蹈覆辙，拉姆齐决定在赛季一结束就率领全队抵达墨西哥的驻地备战1970年世界杯。南美洲虽然治安不佳，但是其异域风情依然吸引球员在训练结束之后去下榻的酒店附近散步和购物。队长博比·穆尔和博比·查尔顿就在赛前信步走进了波哥大一家名为"绿色火焰"的珠宝礼品店，博比·查尔顿想给妻子买一些首饰，但是在逛了一圈之后，两人对那里陈列的货物都不感兴趣，于是走出那家珠宝店，回到了隔壁下榻酒店的大堂。然而就在这时，珠宝店的一位店员突然走进酒店大堂，指控穆尔和查尔顿偷盗了他们店里一副价格不菲的手镯。这一案件直到1972年才宣告销案，然而那家绿色火焰珠宝店不久后就关门歇业了，而指控穆尔的珠宝店店员之后也不知所终。人们一般认为这是一起普通的讹诈诬陷案，但是足球史学家坚持认为这背后是一起精心策划的阴谋，目的是阻止英格兰队队长参加世界杯，以干扰三狮军团的卫冕。作为1966年世界杯冠军球队的队长，穆尔却终生都没有被女王授予爵位，人们普遍认为和他1970年牵涉波哥大珠宝案有关。

10. 2000年10月7日，在欧洲杯小组赛出局后的首场正式比赛中，英格兰又在世界杯预选赛上主场0:1输给了德国队。已经厌倦了国家队主帅高压生活的凯文·基冈赛后在温布利球员通道的厕所里恰好碰到了英足总[①]的官员，他随即就在厕所里向英足总口头递交了辞呈，而英足总方面虽然表面勉强，但是居然也在厕所“现场办公”，接受了基冈的辞呈。而就在基冈在更衣室打理自己行李的同时，英足总方面的电话已经打到了埃里克森经纪人的手机上，后者当时正在拉齐奥执教。英格兰队的外教时代就以这么一种荒诞的形式拉开了帷幕。

---

① 英格兰足球协会。

10个“骨灰级”西班牙粉也不知道的段子

文/梁宏业

《世界杯冠军志之西班牙》 体坛传媒编著　执笔记者：梁宏业

西南财经大学出版社　2014年5月

2010年南非世界杯，西班牙队华丽转身，继欧洲杯之后再度加冕，成为第8支世界杯冠军球队。如果说巴西、意大利等队是功底深厚的老牌王者，那么西班牙队就是奋发图强、厚积薄发的新人王。比利亚、托雷斯、哈维、伊涅斯塔、法布雷加斯……这些西班牙足坛勇猛的斗牛士们有怎样的传奇故事？他们如何带领西班牙球队问鼎世界杯？他们又在续写世界足坛什么样的新的传奇？

1. 现在西班牙毕尔巴鄂和英格兰桑德兰的队服都一样，这不是偶然，是因为毕尔巴鄂创建之初就是拿桑德兰的队服作为比赛服。那时候的人没想过自己的球队可以办成“百年老店”，于是拿来英国人的就用了。同样的事也发生在巴塞罗那身上，有人说巴塞罗那的红蓝队服代表着海洋和激情，还有人说是因为创始者瑞士人甘伯借鉴了瑞士巴塞尔队的设计。不过据巴萨第二任主席的孙子说，红蓝色队服实际上就是他爷爷和他爷爷的弟弟在英国私立高中上学时的球衣。

2. 迪斯蒂法诺的伟大无须多言，但是他究其一生，辗转了两个国家却没能在世界杯上场哪怕一分钟，实在是遗憾。1950年巴西世界杯，由于与巴西足协的矛盾，阿根廷队拒绝出席，当时还是阿根廷籍的迪斯蒂法诺无奈错过。1954年，阿根廷继续缺席世界杯。1956年，迪斯蒂法诺改换西班牙国籍，但1958年瑞士世界杯西班牙队没能出线。1962年智利世界杯，西班牙好不容易出线了，他却在准备世界杯的倒数第二场比赛中受伤了。而到1966年英格兰世界杯时，年龄又成了他最大的敌人。

3. 1964年欧洲杯决赛，西班牙主场对阵苏联，比赛中两队眼看就要进入加时，第84分钟，佩雷达传中，马塞利诺头球得分，最终帮助西班牙队以2比1战胜苏联队。马塞利诺被铭记为西班牙队的第一英雄，至于是谁传的球在当时却说不清楚。因为转播技术有限，西班牙电视台没有采集到传中场面，为了应付观众，使用了此前阿曼西奥的传中画面，所以在很长一段时间内，大家都认为阿曼西奥是第二功臣。直到1992年英国BBC电视台播放了一段独立摄影，大家才发现传球的是佩雷达，西班牙电视台也更正了自己的错误，将这一功劳还给了前巴萨球员。佩雷达第一次看到这个进球的全画面时放声大哭。

4. 1970年墨西哥世界杯预选赛，打过3轮后，西班牙队已经没有什么希望晋级决赛圈了，主帅托瓦辞职。在这种情况下，西班牙足协颇具创造性地选择了3位主帅一同执教西班牙队：穆尼奥斯、阿尔蒂加斯和莫洛尼，他们3人分别是皇马、巴萨和拉斯帕尔马斯的主帅，这3支球队也是联赛的前三名。为什么要选这3个人呢？因为当时媒体对球队极其失望，连球员都不想替国家队比赛，更没有教练愿意在这个时候接手。西班牙足协只能跟他们说这是个过渡安排，并且期望球员不看僧面看佛面，在“自己”的教练面前好好踢球。当然，最后的结果是0:2输给了弱小的芬兰，引起举国震怒。

5. 世界杯的后勤十分重要。1978年阿根廷世界杯，西班牙队选择了阿根廷马尔托纳当作训练基地，据前锋鲁文卡诺回忆说：“我们是在马尔托纳输掉的世界杯，那里的厨师只会做烤肉和意大利面，早餐是意大利面，午餐是烤肉和意大利面，晚餐是意大利面和烤肉。房间没有空调，冷得要命，再加上潮湿和有风，显得更加冷，我们都是穿着衣服睡觉，必须要堵住房间窗户缝来保暖。我们要到几千米外的卡车司机工会和医生工会的场地训练，但我们到的时候发现场地有人，要转去另外一块场地，场上的人都在笑话我们。在马尔托纳，除训练外我们无事可做，因为什么都没有，有的球员去和当地军人打猎，拿机枪打鸭子。”

6. 一次皇马客场以0∶2输给国际米兰后，阿曼西奥到酒店去看望受伤的布特拉格诺，但在布特拉格诺的房间找不到人，便开始一间一间地找，找到华尼托房间时听到屋里面很嘈杂，便推门进去，看到华尼托和他的室友罗萨诺在一张床上和几个女人戏耍，布特拉格诺在另外一张床上躺着看书，看的还是他业余时间攻读的企业管理专业的书籍，所以说布特拉格诺没被带坏还真是靠其坐怀不乱的定力。

7. 1984年的欧洲杯决赛，西班牙对阵法国。第57分钟，普拉蒂尼在禁区外主罚任意球，他的射门质量并不高，但之前一直神勇的阿科纳达却将球从腋下漏进网内，西班牙惨丢冠军。很多年后，阿科纳达回忆说：“当时我正处于状态巅峰，被提名为最佳门将，但最后残忍的事实把我拉了下来。”多年以来，球迷们忘了西班牙队丢掉冠军是因为阿科纳达的失误。直到24年后，西班牙队夺得第二次欧洲杯冠军，替补门将帕洛普身着当年阿科纳达的球衣从欧足联主席手里领取了金牌，他说想还阿科纳达一个公道。

8. 1988年欧洲杯，由于马塞达退役，戈伊科切亚总是受伤，西班牙队除了这两个中卫很强外，其他中卫都顶不上来。穆尼奥斯在谈及戈伊科切亚因伤无法入选国家队时表示：“戈伊科切亚这样的球员很难找到人代替，我指的不光是防守能力和身体素质，还包括领袖风范。我们只能鼓励他生个儿子好好培养，接替他的位置了。”记者们提醒穆尼奥斯，戈伊科切亚只有一个女儿还没有儿子。穆尼奥斯说：“那我们应该鼓励他要个儿子。”

9. 1994年世界杯1/8决赛，西班牙队主教练克莱门特排出了一个史上最“龟”的首发，瓜迪奥拉和格雷罗这样的技术型球员都没机会出场，首发11人有9人或多或少带有后卫属性。于是这个阵型被媒体讥讽为“9后卫加1前锋”的阵型：边后卫是塞尔吉；中卫是卡马拉萨和阿韦拉多；双后腰其实也是两个中后卫在打，他们是阿尔科塔和米格尔·纳达尔（现在世界男子网坛名将拉菲尔·纳达尔的叔叔）；前腰是耶罗；三前锋是巴克罗、恩里克和戈伊科切亚。首发球员里只有巴克罗在职业生涯中没打过后卫，克莱门特反正从来也不在乎别人说他保守。

10. 智叟阿拉贡内斯，当时他上任后第一次招球员并没有把自己未来的核心球员哈维招入队中，第二次招哈维入队后，他首先问哈维：“我第一次没有招你入队时你是怎么想的？你肯定想这个臭老头竟敢不招我入队。”哈维当时被吓住了，立马矢口否认，阿拉贡内斯一笑，哈维才领会到老头子是在开玩笑。卡索拉第一次入队后，也曾被阿翁叫到他的国家队训练基地办公室问话。卡索拉在沙发上舒服地坐着，阿拉贡内斯问道：“你凭什么认为自己能来到这里？”阿拉贡内斯上前一把揪住卡索拉的领子说道：“你来到这里是因为你配得上这里。”

10个“骨灰级”意大利粉也不知道的段子

文/彭雷

《世界杯冠军志之意大利》 体坛传媒编著　执笔记者：彭雷

西南财经大学出版社　2014年5月

地中海的那一抹深蓝，是亚平宁足球的标志。在世界杯历史中，意大利队6次杀入决赛，4次捧杯，总排名第二。诚然，意大利队为世界贡献了无数英俊的球星，而且都富有传奇色彩：忧郁的巴乔、忠诚的托蒂、不朽的后卫巴雷西与马尔蒂尼，还有数不胜数的优秀前锋皮耶罗、因扎吉、维耶里、罗西，还有一个比一个伟大的守门员佐夫、托尔多、布冯……

1. 1934年世界杯，拥有诸多猛将的阿根廷国家队却不愿派出最强阵容参赛。“万一被看上了，诱惑了，损失的可是阿根廷队。”这绝非阿根廷足协上纲上线，因为东道主意大利就归化了好几位阿根廷球员为之效力，这些人被通称为“雇佣兵”。阿根廷足协的顾虑也促使国际足联下定决心就“更换国籍参赛”出台相关严格的规定。

2. 1938年世界杯半决赛，意大利队迎战夺冠热门巴西队。桑巴军团十分乐观，已经提前定好飞往决赛地巴黎的机票，然而他们却付出了惨痛的代价，以1:2不敌卫冕冠军意大利。亚平宁足球巨星梅阿查在比赛中打入决定胜局的一粒点球。这里有个小插曲，据说当时梅阿查的短裤松紧带断了，只能一只手提着裤子去射点球，这也是他所进的最后一粒国家队进球。赛后，意大利主帅波佐找到巴西队，希望对方能转让机票，但巴西队宁肯报废却不愿转让，结果蓝衣军团只能坐着火车前往巴黎。

3. 1958年世界杯，意大利队虽然招募了1950年逆转巴西队夺得世界杯的乌拉圭球星基亚菲诺和吉贾助阵，但球队却连预选赛都没有过关，问题出在预选赛最后一轮与北爱尔兰队的交锋上。事实上，在1957年12月，意大利队客场曾以2:2战平北爱尔兰队，这个比分已经确保球队可以进军世界杯，但意大利足协没事找事，非要认定这场比赛没有国际级主裁，要求重赛。结果，意大利队以1:2告负，留下意大利国家队史上唯一一次没有进军世界杯决赛圈（1930年没参加除外）的遗憾。

4. 在1931年意大利对阵匈牙利的友谊赛中一战成名的切萨里尼出生于意大利，成长于阿根廷，是蓝军归化球员中的翘楚。“切神”的闯祸精神比之今日的巴洛特利不相上下。一次，球队参观游泳池，不会游泳的切萨里尼声称自己敢从最高的跳台跳下，众人嗤之以鼻。结果，只听“扑通”一声，切萨里尼果然从最高跳台一跃而下。最后，三个人一起努力才把被泳池水灌个半饱的切萨里尼拽了上来。

5. 1962年世界杯，意大利队迎来史上最混乱不堪的一年。球队同时存在两位主教练——马扎和费拉里，而且两人的足球哲学有着本质区别。如此奇葩的组织架构让球员没法专心踢球，小组赛首战0:0平联邦德国后，球队发生了著名的“地板事件”。第二场小组赛前，马扎把费拉里踢到一边，独自一人带上几名记者讨论阵容。“目前的阵容不行，必须换”，马扎三言两语就更换了6名主力，并大爆粗口。替补后卫戴维德和阿根廷雇佣兵西沃里正巧就住在马扎楼上，因为当时地板都是木质的，隔音效果极差，后者的言论被楼上的小伙伴趴在地板上听得一清二楚，据说被换下的球员曾去主教练那里“造反”，这样的不良情绪也影响到意大利队后面的比赛，最终球队小组未能出线。

6. 1962年世界杯小组赛第二轮，意大利队0:2负于东道主智利队。此战火药味十足，先是意大利中场费里尼报复对手被主裁判阿斯顿罚出场外（当时还没有红牌，只是罚出场外，英格兰人阿斯顿是足球史上一个被铭刻的名字，几年后他发明了边裁小旗，随后又创造了红黄牌制度，并在1970年世界杯上正式推行），费里尼因不满判罚，执意不肯离场。就在他强烈控诉时，智利队桑切斯一记“黑拳”直接打断意大利队阿根廷雇佣兵马斯基奥的鼻子。由于此时还没有换人规则，马斯基奥只能挺着被打断的鼻子继续比赛。此役，意大利队被罚下两人，场上各种肢体冲突不断，似乎现场6.6万观众看的不是一场足球赛，而是一场自由散打。当时还没有电视转播技术，只能靠录像带邮寄实现视频传输。两天后，惨烈的圣地亚哥之战录像被寄回欧洲，意大利国家电视台播放完这场比赛后，举国哗然。从那天开始，意大利警方不得不派专人保护智利外交人员，时间长达一个月……对了，桑切斯的“功夫”为何如此厉害？因为他老爹是智利一名冠军级拳击手！

7. 1966年世界杯小组赛第三轮，意大利队在打平朝鲜队就可以出线的情况下，被对手0∶1击败，再度折戟小组赛，爆出世界杯历史上的最大冷门。赛前，意大利著名记者布雷拉撰文称，“如果连朝鲜队都打不赢，我一辈子再也不写足球报道了。”最终，他并没有兑现诺言。后来有报道称，在比赛中打入决定性一球的朴斗一是一名朝鲜牙医，“意大利队被牙医击败”的段子一度广为流传。事后证实，朴斗一其实是一名体操运动员。

8. 1968年欧洲杯半决赛，意大利队对阵苏联队，最终比赛结果是0∶0。按照当时的规矩，非决赛平局将用掷硬币来决定晋级。据说，两队赛后在更衣室里掷硬币时，第一枚硬币掉到地板缝底下找不到了，于是用第二个硬币又抛了一次，结果意大利进军决赛。有人说，后来清洁工打扫时发现了第一枚硬币，本来去决赛的应该是苏联队……

9. 1970年世界杯，在主帅瓦尔卡雷吉宣布最初的22人名单时，并没有前锋博宁塞尼亚的名字。博宁塞尼亚代表国家队出场22场，打入9球，也算“高产”，但瓦帅却不中意他，而是更青睐尤文图斯的阿纳斯塔西。不料，在世界杯前的集训中，阿纳斯塔西与按摩师打闹时不幸伤到睾丸，不得不进行手术，这一话题也成为意大利大小媒体争相报道的笑料。博宁塞尼亚事后回忆：“那天夜里我都睡了，突然足协的人冲到我家，连拉带拽把我弄下床，让我赶快收拾行李办护照，然后一大早就飞往墨西哥与国家队汇合……”

10. 1974年世界杯，意大利队阵中有一个叫雷·切科尼的中场球员，堪称亚平宁足球史上最“杯具”的人物。他1948年出生，1977年去世，享年仅29岁。1977年1月18日，效力于拉齐奥的雷·切科尼和两个朋友去罗马市中心的一个珠宝店买东西，他突发奇想，把手放到包里，假装有枪，大喊“抢劫，把东西都拿出来！”按他的幼稚想法，作为拉齐奥球星，罗马城里的人应该都认识他，开个玩笑无伤大雅。孰知珠宝店老板不是球迷，压根不知道他是哪根葱，更可悲的是，这家珠宝店刚刚被抢劫了两次，于是老板拿出柜台下的手枪，子弹就这样穿过了雷·切科尼的胸膛。20分钟后，他不治身亡，老板也因防卫过当而被判刑。

10个“骨灰级”法国粉也不知道的段子

文/赵威

《世界杯冠军志之法国》 体坛传媒编著　执笔记者：赵威

西南财经大学出版社　2014年5月

方丹是扯开嗓子喊的，科帕是单频道的，齐达内是立体声的，而普拉蒂尼就是环绕立体声，当然还有雅凯和多梅内克。法国足球的乐章贯穿整个现代足球史，无论是在场内还是在场外。而法国足球的故事就像变幻的风景，也许你欣赏过，却未必真正到达。

1. 科帕、普拉蒂尼、齐达内，在带领法国队走向了三次不同的巅峰之后，他们三个人的退役带来的空缺直接导致了法国队在高峰之后的低谷。科帕并不是自己选择的退役，而是因为他不断抗议俱乐部奴役球员而招致了法国足协的报复。在他之后，法国队甚至连续两次缺席世界杯，重新沦入二流。普拉蒂尼在获得了1986年墨西哥世界杯季军之后选择了急流勇退。不过，随后法国队的窘境使得他不得不换了一个主教练的马甲赶紧出山，那时他只有33岁，也是法国足球史上最年轻的主教练。齐达内在2002年的世界杯之后退出国家队，不过，他看到法国队世界杯出线的困境，又选择了复出，并且带领马克莱莱和图拉姆等老将获得了2006年世界杯亚军。当巨星再度离开后，法国队也就重陷于平凡之中，迄今为止，除了不断的丑闻之外，再无惊喜。

2. 创办奥运会，创办世界杯……当法国人在国际舞台上挥斥方遒的时候，法国队在球场上并没有这么光辉，甚至暗淡得让球迷无法接受。那是怎样的一个时代啊!1925年当法国队在都灵被意大利队7:0横扫的时候，斯坦帕（STAMPA）市的市长感到特别耻辱，于是命令收回所有印有这场比赛结果的报纸……

3. 1930年世界杯，由于旅途漫长，加上费用有限，当时的大多数欧洲球队都选择放弃参加。欧洲球队总计只剩4支——比利时队，法国队，罗马尼亚队和南斯拉夫队。除了法国之外的其他三个国家都获得了国王的支持。法国没有这样的待遇，但是他们有一个无所不能的足协主席雷米特。那时候，法国队的所有队员都是业余球员。他们能够有这么长时间的假期需要得到雇主的认可，为此，雷米特几乎动用了自己所有的关系，最终让法国队所有队员和其他欧洲球队分别乘船赶到了乌拉圭。在长达两周的路途中，法国人甚至专门发明了船上锻炼的方法，这也使得法国队虽然经历长途跋涉，却保持着充沛的体力。

4. 法国人总会在场外找到场内没有的机会。那是在1936年，国际足联决定把1938年世界杯的举办权交给法国。这实在不是什么意外，事实上，就连国际足联自己都毫不避讳，这个选择是为了感谢已经被称为“世界杯之父”的国际足联主席法国人雷米特为国际足球做出的杰出贡献。不过抛开这个很绅士的解释，我们也可以窥见国际足联更深层次的不得已：因为申办那一年比赛的除了法国之外，就只有德国了，而在“法西斯”意大利举办了1934年的世界杯后，怎么能让“法西斯”德国举办另一届呢？世界需要和平，当然需要一届和平的世界杯！于是，当其他欧洲国家在准备迫在眉睫的世界大战的时候，法国人开始筹备这项以和平为主题的世界杯了。

5. 法国《队报》，这家当时位于巴黎北部蒙马特高地的报社不光是体育新闻的采编中心 ，也是足球圈内高朋满座的特殊会所。科帕等当时名满天下的球星每到比赛结束，总会到《队报》去吃饭，喝酒，并且讨论足球的天下。那时的《队报》不光是一份权威的报纸，还是一个开放的圆桌沙龙。主持这个沙龙的有前球员和主教练阿诺，还有创建冠军杯的费朗。20世纪初披上足球行业种种“马甲”的人物中，阿诺称得上是传奇。1908年，作为当时联赛最著名的鲁北俱乐部的主力，阿诺19岁就第一次进入国家队，并在随后的6年中12次效力国家队，打进了3粒进球。结束职业生涯之后，阿诺研究过数学，做过飞行员，做过德语老师，做过走遍世界的旅行家。最后，他又回到了他热衷的足球王国，并且成了一个公认的技术派专家。在此期间，他以法国足协顾问的身份，兼任国家队主教练的职务，同时，他还进入了《队报》，成为这家报纸的记者。那可真是一段奇怪的历史，阿诺在指挥完自己的比赛之后，给报纸写自己的专栏，而他的专栏，总是报纸上最受欢迎的部分。除此以外，阿诺还是一名出色的社会活动家。1932年法国足球的职业化，就是他率先发起的，职业化的方案就是他一手起草的，而通过这项方案的法国足协，基本上都在他的掌控之中。

6. 1976年，世界杯预选赛客场面对保加利亚的关键之战，是法国足球史上最传奇的比赛之一。比赛中，普拉蒂尼再次使出任意球的绝技，打进了自己在4场比赛中的第3个球，拉孔布再下一城之后，法国队从容地以2:0领先。中场前，博内夫扳回一球，接着，难以置信的场面出现了。先是普拉蒂尼禁区内形成单刀，对方门将严重犯规，但是当值主裁判苏格兰人富特悍然拒绝了一个法国队应得的点球。紧接着，博内夫一个越位在先的进球居然被判有效。最离谱的是，终场前，裁判反而判给了保加利亚队一个莫须有的点球，幸好博内夫错失了这个反超比分的机会。连续三次错判引发了法国球迷的极大愤怒，当时负责直播的法国电视台著名主持人洛朗德忍不住在节目中这样声色俱厉地脱口而出，“富特先生，你就是个混蛋！”这样的粗口，在电视解说中从来没有出现过。听到屏幕上说出这样的话，电视台主管夏尔斯几乎失去控制，立即拍案而起，但是，最终却没有给洛朗德任何的处分。洛朗德的语言虽然过分，却正好迎合了当时的民意，因为如果博内夫的点球打进，法国队将会就此无缘世界杯。

7. 1982年世界杯半决赛，法国队在西班牙塞维利亚遭遇德国队。这场比赛是法国队历史上最富有戏剧色彩的比赛，更准确地说，是富有戏剧的最高境界，充满跌宕起伏和荡气回肠的情节，充满悲剧的味道，但是却一点都不让人感到悲观。第18分钟，德国人利特巴尔斯基首开纪录，普拉蒂尼在第29分钟主罚点球扳平比分，1:1的比分维持到90分钟结束。加时赛，特雷索在第96分钟凌空抽射破门，紧接着，第99分钟，吉雷瑟再下一城，法国队以3:1领先。还有20分钟，占有两球优势的法国队看起来胜券在握了，在蒙马特的《队报》编辑部，当时的主编罗伯特已经给第二天的头条起好了名字："辉煌"。这时候，他显然没有想到德国人会完成惊天的逆转。然而，这样的逆转很快开始。103分钟，鲁梅尼格为德国队扳回一球，紧接着，在第118分钟，费舍尔把比分定格在3:3。点球大战，吉雷瑟、阿莫罗斯、罗歇托和普拉蒂尼罚进4球，但是西克斯和博西斯却分别射失，结果法国队4:5告负，痛失决赛资格。这样的结果，毫无疑问，对于法国队上下，对于已经排好第二天头版头条的媒体，对于所有的球迷，都是一次彻底的失望。但是回过头来看，这也标志着法国队的实力在那个年代已经重新跻身一流行列。所以，法国《队报》第二天的头版头条仍然使用了"辉煌"这个标题。

8. 1993年，法国足协取消了马赛队的联赛冠军身份，并且把马赛降入乙级，而政治家和商人塔皮则因此面临了牢狱之灾。他和里昂信贷乃至和法国政府的官司现在还没有彻底结束。这些灰色事件是不是会影响到法国队呢？当然会，从这时起，法国队主帅霍利尔决定清除法国队的马赛势力，由此引发了球队的内讧。吉诺拉等球星公开指责霍利尔，并且表示自己绝不做替补。坎通纳也公开支持这样的说法。一时之间，新老球员矛盾重重，球队内部出现了“地震”的前兆。就在这样的时刻，法国队要面对世界杯最后一场出线的生死战了。每一次世界杯或者欧洲杯，法国队能否出线的悬念差不多都会留到最后一场比赛，这几乎成为了一个传统。11月17号，巴黎王子公园球场，法国队在1:0领先的情况下被保加利亚翻盘。比赛最后一分钟，吉诺拉莫名其妙地丢球，让法国队早已准备好的香槟，永远地留在了冰箱里。主教练霍利尔赛后严厉指责吉诺拉：“这样简单的失误，是对于全队的努力的一次犯罪。”

9. 法国世界杯夺冠10周年之后，当年曾经叱咤风云的1998年世界杯夺冠的法国球员已经纷纷退役，而当年的功勋主帅雅凯早在10年之前就选择了急流勇退。不过，这一段历史尘埃落定之后，一桩悬案却始终都没有解决。这是法国足球界乃至于法国媒体界一个没有开锁的迷：雅凯和法国《队报》的矛盾。由于当事双方讳莫如深，这段是是非非迄今为止也没有一个结论。在这10年当中，雅凯再也没有接受过任何《队报》记者的访问，也从来都没有对于这段特别的经历公开做出过任何的回忆和评价。至于《队报》，当年的总编辑和足球编辑部早已更换了几茬，同样没有人愿意再提起这段往事。虽然没有提起，但是他们显然记住了这个教训。从此之后，在其他项目保持着自己的犀利笔触的同时，对于法国队始终都是网开一面。1996年欧洲杯前，《队报》对法国队的质疑刺痛了雅凯的神经，雅凯拿着这份报纸这样告诫自己的球员：“你们知道吗，现在没有人信任我们，我们必须依靠自己的力量，就算没法夺得欧洲杯的冠军，我们也要夺得世界杯的冠军！”从那时起，雅凯开始正式拒绝接受《队报》的任何采访，也终结了法国《队报》一直以来在发布大名单或者指定出场名单的前夜，和主教练直接沟通，获得第一手资料的特权。

10. 对于法国人来说，2008年的欧洲杯，几乎是2002年韩日世界杯的翻版。在小组的3场比赛中，法国队未尝胜绩，惨淡出局。6月9日，首场和罗马尼亚队0:0战平。4天后，在和荷兰队的比赛中，被对方4:1打败，这也是50年来法国队在正式比赛中最惨重的失利。6月17日，和意大利的最后一场小组赛上，法国队延续了自己的自由落体般的跌落轨迹，以0:2缴械。这简直是比马其诺防线还滑稽的一次崩溃，而最为滑稽之处在于多梅内克在这样的失败之后真情流露的一幕。赛后的新闻发布会上，56岁的多梅内克不想回答任何关于球队和比赛的问题，而是深情而无助地说：“我现在只有一个计划，就是和丹尼结婚。就是今晚，我正式向她求婚。我知道这是一个困难的时刻，但这样的时候，我需要她！”比多梅内克小16岁的丹尼是当时法国M6电视台足球栏目的主持人，也是多梅内克的两个孩子的妈妈。就连她本人对于这样的一幕都感到非常震惊，更不要说所有的球迷了。在这样全法国都感到沉重的时刻，作为直接的当事人和责任人，怎么可以突然提出这样不合时宜的个人要求呢？

梅西、C罗与金球奖

梅西当球王需要世界杯吗?

文/骆明

世界杯会不会产生新球王?这个问题只可能产生于中国。

在国外,被普遍认可的“球王”只有一个:贝利。“球王(The King of Football)”不过是贝利的一个绰号而已,如同克鲁伊夫被封“荷兰飞人”、马拉多纳得号“金童”。它不是官方奖项,只是大众的爱称,实无必要上纲上线,正如“皇帝”比“王”更高一级,但我们不会因此认为贝肯鲍尔或阿德里亚诺比贝利更伟大。

但在中国,“球王”被异化为足球的诺贝尔奖,似乎每过一段时间就非颁出一个不可。贝利之后,马拉多纳成为中国公认的第二位球王,而后罗纳尔多、齐达内也与球王名号挂过钩,及至梅西出世,所有人都在问,他会不会成为新球王?

讨论新球王前,恐怕更该厘清中国式“球王”的定义。笔者翻遍汉语词典及各种网络百科全书,都找不到“球王”词条。根据中国球迷这些年的讨论,姑妄给“球王”下一定义:在职业生涯主要

梅西

阶段被公认为“世界最佳”的足球运动员。

职业足球史已超百年，但达到上述标准的球星，一双手便数得过来，基本上十年一个。迪斯蒂法诺20世纪50年代先后征服南美和欧洲，是第一位让全世界叹服的球星。贝利在60年代大红大紫，70年代是克鲁伊夫的天下，80年代则是马拉多纳笑傲江湖。

世纪之交是个敏感地带。以个人才华论，20岁即首夺金球奖、蝉联“世界足球先生”的罗纳尔多无疑是No.1，遗憾的是，双膝韧带先后断裂，让他的足球生涯大打折扣。年长4岁的齐达内后发制人，取得了与罗纳尔多大致相当的地位。罗尼齐祖的高下之争至今仍是中国球迷的热议话题。

这几位超级牛人，大部分是世界杯的成功者。三个世界杯冠军令贝利成为王者。马拉多纳、罗纳尔多、齐达内则力助本国获得世界杯冠亚军各一次。

但赢得世界杯并不是成为世界最佳的必要条件。迪斯蒂法诺从未登场世界杯，但在国际足球历史与统计协会的20世纪最佳球员评选中，他高居第4。克鲁伊夫只参加过一次世界杯，在决赛中大热倒灶，输给“天敌”贝肯鲍尔。贝肯鲍尔在国家队成功得多，赢得世界杯冠亚季军各一次，欧洲杯一冠一亚，但欧洲足球一哥从来属于克鲁伊夫。

迪斯蒂法诺曾助皇马称雄前五届欧冠，克鲁伊夫则率阿贾克斯实现了欧冠三连冠，他们在欧洲主流足球圈中广受认可，遂无须世界杯冠军正名。只是早期欧冠在中国并无转播，故中国只把贝利和马拉多纳认可为“球王”。其实罗纳尔多退役之时，西班牙和南美媒体有种说法，认为他是第五位“世界球王”，而此前四位正是迪斯蒂法诺、贝利、克鲁伊夫和马拉多纳，因为他们都是本时代的王者。

时代不同了。进入新世纪后，欧洲俱乐部赛事在中国广为传播，那些代表最高水平的球星，每周均有一两次机会通过荧屏向中国球迷献技。如今还非得通过世界杯来定论一个球星吗?

世界杯会不会产生新球王？此问可细化为“梅西能否通过世界杯，在中国确立球王地位？”在连拿4个金球奖之后，梅西逐渐被公认为“80后”球员的最佳。如能夺得世界杯，梅西自可与马拉多纳平起平坐；哪怕无缘大力神杯，若在巴萨持续辉煌，梅西也应能成为21世纪第二个十年的“球王”——除非C罗率葡萄牙夺得世界杯。

争论也是一种肯定

文/骆明

梅西！梅西！梅西！随着梅西突破穆勒的年度进球纪录，以及2012年金球奖的揭晓，“梅西”再度成为最热门的体育词汇之一。梅西和C罗谁更强？梅西是不是新一代球王？他能否与马拉多纳和贝利相提并论……这些争论吸引了球迷的广泛参与。当然，这种话题永远没有标准答案，各持立场的球迷在激烈的辩论中补充了新的“弹药”，随时准备迎接下一次舌战。

既然没有标准答案，争不出胜负，这种争论是否没有意义？尤其是那些论坛上的争论，真的很让人伤脑筋。如果你参与其中，必须随时刷新页面，留心对方是否会抛出一个出其不意的“炸弹”，同时精心准备一些“致命武器”，给对手以“致命一击”。不知不觉，一个或几个美好的夜晚就耗在了BBS或微博上。对方是理性人士还好，即使与你意见相左，双方也会生出“惺惺相惜”之感；如果对方不讲理，满嘴强盗逻辑甚至口出秽语，你可能会七窍生烟，有

“约架”的冲动。

但这种争论未必是浪费口水，至少，它绝对会增进你对体育的了解。再者，如果争论双方真的相持不下，争了一年又一年，那么，其实他们都得到了正确答案！

在足球领域，最热门、最持久的争论应属“贝利和马拉多纳谁是历史最佳（或谁更伟大）”，无论国内国外皆是如此。我自然不能免俗，以前在《全体育》上也撰稿涉及此话题。20世纪末国际足联搞了个“世纪最佳球员”的网络评选，结果马拉多纳得票过半，贝利不足20%。国际足联觉得网络投票“不靠谱”，另组织了一个由记者参加的评选，这次贝利以超过70%的得票当选。两人各得一奖，却闹得各方都不愉快。

关于贝利和马拉多纳的高下之争，不同年代的人会有不同立场。不管是球迷、球员还是专家，评判球星时都会倾向于自己的所见所闻。如果20世纪80年代才开始看球，对马拉多纳的评价多半会超过贝利，毕竟贝利对他们而言只是一个传说。而那些有幸看过贝利踢球的，对贝利的崇拜会先入为主，马拉多纳也无法改变他们的看法。事实上，不同时代的球员，本就无法直接进行比较，既然“挺贝派”和“挺马派”旗鼓相当，且都说服不了对方，不正说明贝利和马拉多纳同样伟大吗？足球比赛没有并列冠军，但在足球的名人堂里，并列冠军无伤大雅。

如果把“相持不下的争论”视为“对彼此的肯定”，那么我们在网络或现实论战中想必会豁达许多。中文足球论坛上，仅次于“贝利VS马拉多纳”的热门话题，恐怕就是“罗纳尔多VS齐达内”了。这其实旁证了，罗纳尔多和齐达内是“70后”球员里最灿烂的两颗星，不分高下。

毫无疑问，罗纳尔多的天赋在齐达内之上。当罗纳尔多20岁成为世界足球先生、21岁成为最年轻的金球奖得主时，长他4岁的齐达内刚从法国波尔多转会意大利尤文图斯，连巨星地位都未取得。直到1998年夏天，26岁的齐达内以世界杯决赛的两个进球拿到了金球奖，才真正成为世界级巨星。那届世界杯罗纳尔多虽未夺冠，但仍以4进球3助攻当选MVP。此后罗纳尔多长期休战，齐达内"后程发力"，当他2001年夏天以6600万美元的创纪录身价从尤文图斯转会皇马时，罗尼在病榻上已经躺了一年有余，几乎被足球圈遗忘。

2002年，齐达内以一脚石惊天惊的左脚凌空抽射为皇马带来第9个冠军杯，声誉达到巅峰。但之后一个月，复出后的罗纳尔多神奇地在7场世界杯中攻入8球，助巴西拿到世界杯第五冠，并在当年再拿金球奖。纵观两人职业生涯，罗纳尔多两金球一银球一铜球，齐达内一金一银一铜，世界足球先生两人各拿三次，在同辈球员中都属翘楚。两人并列"70后冠军"如何？相信这两位彼此交好的巨星也会欣然首肯。

"80后"球员，自然轮到梅西和C罗争锋了。同为"80后"的罗纳尔迪尼奥和卡卡亦曾一枝独秀，但留在顶峰的时间稍短了些，尤其是小罗，2004年成为世界足球先生，2005年拿到金球奖，2006年登顶欧冠后便星途急降，着实令人惋惜。当卡卡2007年捧起金球时，C罗列第二，梅西排第三，标志着后两人的崛起。此后的2008年、2009年和2011年，梅罗二人都包办了金球奖前两名。梅西和C罗谁更强，也成为当今足坛的最热论题。既然这个争论持续了这么多年，至少证明梅西和C罗是当今足坛最强两人。那么两人是否会并列"80后"

冠军？现在下结论太早，不过须注意两点，一是梅西年轻了两岁，二是连夺金球后声望略超C罗。您可以问问周围的球迷："梅西和C罗谁更好？"我相信选梅西的不会低于7成。

当梅西打破穆勒纪录之时，不少人将他与贝利、马拉多纳相提并论，甚至连阿根廷都有人认为他其实胜过马拉多纳，当然强烈反对的也不少。可想而知，这个争论还会持续下去。如果在梅西退役之时，这个问题仍然在中文或国外论坛上经久不衰，这或许意味着，梅西真的可以与贝利、马拉多纳平起平坐了。

程序决定民主优劣

文/骆明

梅西连续第4次拿到金球奖，在中国也是个大事件，《新闻联播》报道了此事，央视新闻频道的《世界周刊》栏目还拿出16分钟做了梅西的专题。只要不是C罗或皇马的球迷，都会为梅西的成就叫好，但也有不少人觉得“审美疲劳”。一个人连拿4届金球，让金球奖丧失悬念，确实不太“好玩”，如同“西超双雄”的垄断，让西甲丧失观赏性一样——虽然西甲在欧足联排行榜上高居第一，但群雄并立的英超博得了更多眼球。

话说回来，2012年梅西已经不那么“垄断”了。2011年，他先拿欧洲足球先生，后拿国际足联金球奖，但2012欧洲足球先生归属了他的巴萨队友伊涅斯塔。这是1960年路易斯·苏亚雷斯捧得金球奖后，西班牙的第一位足球先生。与梅西以绝大优势夺得金球不同，伊涅斯塔在欧洲足球先生中胜得惊险。欧洲53国记者的现场投票中，伊涅斯塔得了19票，而梅西和C罗各为17票。而如果没有现场投票环节，像以往的金球奖那样只统计记者第一轮投票的总分（每票可填5人），欧洲足球先生将归属C罗！

以上事实证明了一个常识：投票不光“民主”就可以，其程序会大大影响结果。在欧洲足球先生评选中，第一决定因素是投票时间，欧洲足球先生在赛季末评选，这让参评球员所获“冠军”更加重要。伊涅斯塔能当选欧洲足球先生，得益于投票时间离欧洲杯结束不久。相反，梅西参加不了欧洲杯，且在2011—2012赛季只拿到国王杯，故未能在此项评选中脱颖而出。在欧洲足球先生评选中，另一个决定性因素是2011年创始时特设的“现场投票”环节，第一轮投票先产生前三名，再由记者评委现场定夺。众所周知，西班牙精英球员太多，小白、哈维、卡西利亚斯等三连冠功臣各有殊功，反而在先生评选中互相牵制。现场投票环节，让伊涅斯塔不用面对西班牙队友的竞争，这对他圆梦至关重要。

还有一个重要因素是“标准”。金球奖揭晓后，《米兰体育报》评论员德卡洛撰文称：“如果你们不愿意看到梅西金球十连冠，那就得期盼一点变化了。从金球奖和世界足球先生合并以来，我们所知道的评判标准就发生了改变。以前是需要评判球员个人以及所在球队的整体表现以及成绩，而如今这个新金球更像是对一个球员综合素质和表现的认同。”为金球奖投票的意大利媒体评委正是《米兰体育报》的保罗·孔多，他投的三人依次是伊涅斯塔、C罗和皮尔洛，没有梅西，显然是个人表现和集体荣誉兼顾。德卡洛的评论，似乎是对同事投票的解释。

《米兰体育报》同仁的疑问，也正是我的困惑。金球奖由《法国足球》独立运作时，评委不到百人，该刊会告诉评委一个详细标准：①这一年的个人表现和集体表现（赢得的奖杯数）；②水准（才华+公平竞赛）；③职业生涯；④个性、品质以及对队友、俱乐部和国家队的影响。投票的记者们还需写上一段不少于10行的评语，《法国足球》杂志在公布选票时，也会摘要节选评委的评语。

但在金球奖与世界足球先生合并后，所有国际足联成员国都有记者评委参选了。此外《法国足球》还得公布队长和教练的选票，杂志空间有限，故而记者不用再写评语。甚至标准也大大简化为“场内外的体育表现和总体行为”。说实话，与原标准相比，现标准过于宽泛、空洞，而教练和队长投票时，更是连标准都没有，于是出现了大量的人情票。例如中国队主帅卡马乔，2011年把卡西利亚斯排第一，2012年选票上三人又全是西班牙同胞，其公正性着实不敢恭维。

无论如何，“没有标准”也是标准。梅西当选金球，如同德卡洛所说，“是对梅西综合素质和表现的认同”。与金球奖相比，年度最佳阵容的评选就像个闹剧，西甲球员包揽并无问题，毕竟现在是皇马和巴萨领风骚的时代，问题是部分球员的年度表现实在有负众望。尤其是阿尔维斯，在巴萨的表现饱受批评，在国家队又寸功未立，焉能进此阵容？皮尔洛帮助尤文图斯以不败战绩夺得意甲冠军，又率领意大利队闯入欧洲杯决赛，却未入最佳阵容，实在令人无语。goal.com网站的评论很犀利，“4.5万张选票都不能为皮尔洛拉到足够的投票，这个事实让你对‘民主’丧失了信任。”

这个事例再次证明，没有程序正义，民主将失去意义。年度最佳阵容由国际职业球员协会组织全球4.5万名球员参选，并到各俱乐部让球员现场投票，这个工程不可谓不浩大。但这些球员投票时是否认真？在训练的间隙，迅速写上11个人名，他们有足够的时间思考么？他们平时看的比赛够多吗？他们选的恐怕不完全是年度最佳，而是“我心目中的最佳”。

92岁的雅克 · 费朗，是唯一在世的经历过金球奖诞生过程的前《法国足球》编辑。他解释了当年为什么让记者们来评金球奖，“我们认为有资格评选最佳球员的评委应该是那些经常观看比赛的人，无疑记者是最佳选择……同时我们对记者的客观性有信心，他们承担自己的责任。相反教练和球员投票更有可能倾向于自己的球员或队友。”

真的很佩服《法国足球》的“先锋”们，他们在数十年前，已经预料到教练和球员投票的缺陷。这也说明，“民主”的制度设计是多么重要。

“专业人士”的不专业投票

文/骆明

2013年3月，国际足坛的主旋律是世界杯预选赛，但一位俱乐部主帅抢走了不少风头，他就是穆里尼奥。狂人赛季末将离开皇马的传言甚嚣尘上，而他对国际足联的炮轰更令业界惊愕。穆里尼奥咬定“国际足联篡改潘德夫选票”；国际足联出示马其顿足协传真件，称潘德夫投的是博斯克；潘德夫却称传真件上并非自己签名。这桩嘴上官司至今没有正式了结，但可以肯定，马其顿足协传回的这张选票，并没有体现潘德夫的本意。仔细比照，代潘德夫投票的人可能是个英超迷，最佳教练把曼奇尼放在第二，金球奖把范佩西放第二。

纷纷扰扰中，不少人怀念起老金球奖。过去，《法国足球》杂志组织全球记者投金球奖，各国主帅及队长为国际足联选世界足球先生。2010年，两奖合为国际足联金球奖。对于两个投票群体，向来有两派意见：一派挺记者，为金球奖的合并痛心疾首；一派挺将帅，认为“记者的专业性怎么比得上职业人士”。

作为金球奖的中国媒体评委，笔者承认，在足球的专业性上，无论是几内亚、赤道几内亚、几内亚比绍还是巴布亚新几内亚的主帅和队长，都可以“甩笔者几条长安街”。但这是否意味着主帅和队长的投票比记者更权威更专业？“潘德夫选票事件”证明，事情并不这么简单。投票过程的诸多差异，决定了选票的“专业”与否。

（1）记者评委阵容稳定，不轻易更换，如本人已履行此职责6年，熟悉评选标准和流程，从年初便开始观察热门人选。而主帅和队长饭碗朝不保夕，年初时都不敢确保自己年末的投票权，因为每年有大批“新人”加入。

（2）既然是评年度奖项，必然要考虑球员全年表现。记者们有跟踪全年重要比赛的义务，而主帅和队长没有。主帅最重要的任务是考察本国球员和侦察对手。更有很多球员直言，业余时间从不看球。

（3）负责收集记者选票的是《法国足球》总编，他通过秘书与所有记者评委直接接头，一次电邮往来即投票妥贴。而国际足联无法直接拿到队长和教练的选票，需要各国足协相助，每年都有数十国的票无法回收或过期作废。中间环节太多也可能造成选票失真，潘德夫选票便是一例。中国足协外事部也屡有越俎代庖之作，如2005年世界足球先生，中国队主帅朱广沪和队长李玮峰“不约而同”选择了三名AC米兰球员：舍甫琴科、马尔蒂尼、卡卡。2010年这一幕重演，中国队队长和教练选票上写的都是哈维、梅西和福兰，高洪波事后明确否认他投了哈维。

（4）记者投票标准严格。每年开投前，《法国足球》杂志给记者评委的邮件中都会列出投票标准："球员当年的表现，包括个人和集体（即奖杯）。如有必要，还可参考其水准、个性和职业生涯。"国际足联评选的年头也不短了，从1991年至今已有22届，居然从未给队长和教练制定过任何标准，堪称奇谈。

（5）国际足联金球奖合并的第一年，记者评委可从候选名单上任意选择，而主帅队长不得选取同国人士，当年评选还有一些主帅队长的票因此作废。为何有此"歧视"？只因记者素以客观中立为最高准则，过往投票也未见徇私者。而主帅队长投票难免沾亲带故：不准投本国人，就投俱乐部的熟人吧！

后来国际足联取消了"不能投本国人"的规则，于是人情票愈发昌盛。如中国队主帅卡马乔，2012年投了三个本国人：伊涅斯塔、哈维和卡西利亚斯。在欧洲杯之年，这么选可以理解，但他2011年选的也是这三位同胞（顺序为卡西利亚斯、哈维、伊涅斯塔），这就有点过了。这种选票俯拾皆是，如梅西2012年选了三个队友：伊涅斯塔、哈维、阿圭罗。C罗去年投票前曾号称"如果可以投自己，那么我会投自己一票"。显然他当时不知道，他的确可以投自己，后来他索性把投票权交给队友布鲁诺·阿尔维斯，而阿尔维斯的选票第一位当然是C罗。

看完这五个差异，您还觉得教练和队长比记者的投票更"专业"吗？公平，必须由公平的程序来保证。让国际足联金球奖重新分家并不容易，但在"潘德夫选票事件"之后，国际足联至少应该革新一下主帅和队长的投票方式了。

足球最好的时代，至少是“之一”

文/骆明

有个话题永远是球迷网络论战的热门，那就是跨时代足球的比较，例如可以再辩一百年的“贝利和马拉多纳谁更强”。在这类话题上，球迷大致可分为两派：一派是“厚古薄今”，他们会说“梅西怎么能和罗纳尔多（不是C罗）比”；一派是“厚今薄古”，在他们眼里，哪怕没有世界杯，梅西也早已超越马拉多纳。一般来说，“第一印象”非常重要，例如看齐达内长大的球迷，会看低马拉多纳，自然是“厚今薄古”，等他们成了老球迷，可能又相对轻视C罗和梅西这一代，升为“厚古薄今”派。

我一般尽量避免卷入这种跨时代的争论，因为这种“关公战秦琼”注定没有结果，徒费口水。但最近两年，我渐渐有了种感觉，现在的这个时代不寻常。这不是梅西和C罗引发的，因为各个时代都有这样的“绝代双骄”，如罗纳尔多和齐达内、马拉多纳和普拉蒂尼（或巴斯滕）、克鲁伊夫和贝肯鲍尔、贝利和尤西比奥、迪斯蒂法诺和普斯卡什。

我们这个时代不只有梅西和C罗，还有伊布。过去10年，伊布纵横荷意西法四大联赛的6家豪门，拿了9个联赛冠军。但毕竟瑞典队实力有限，伊布在最重要的俱乐部荣誉——欧冠上又迟迟没有建树，这让他顶多是一位“世界级球星”，注定无法达到梅西和C罗级别。很奇怪的是，伊布去巴黎本是“下嫁”，但他在国际足坛的美誉度却稳步提升，周复一周地在俱乐部和国家队贡献神作，让“奉先”（伊布）拥有了大批粉丝。单论高难度进球的数量、质量和想象力，无论是蝎子摆尾、连过数人还是惊世倒勾，伊布在足球史上绝对名列前茅。

2013—2014赛季，另一位球星让全世界球迷睁大了双眼，那就是苏亚雷斯。2012—2013赛季，他本就是英超最佳的候选，只是咬伊万诺维奇之举让他一时身败名裂。本赛季解禁复出后，苏亚雷斯有天神般的表演，率领实力有限的利物浦强势复苏。若论个人能力，他绝不逊色于英超历史上任何一位球星。坎通纳、博格坎普、亨利、鲁尼、C罗、法布雷加斯，这些英超过往的旗帜人物都是欧洲人，从没有一位南美球星，以如此魔幻的球风令英超疯狂。

当然，不能因为伊布、苏亚雷斯与梅西、C罗争锋，就认定这个时代多俊杰，毕竟罗纳尔多和齐达内的时代，同时也有里瓦尔多和罗纳尔迪尼奥等超级巨星。最不可思议的是，拥有超群能力的伊布和苏亚雷斯，在金球奖评选中一直排不上号。伊布一直进不了金球奖前五，直至2012年，各方造势之下，他终于排到了第4。苏亚雷斯在金球奖上更是寸功未立。这只能证明，我们赶上了球星井喷的幸福时代。

这两年，每过半年便能见到一次超级个人演出。2012年欧联杯决赛，法尔考以两个单挑防线的进球梅开二度，助马竞3:0力克毕尔巴鄂，当时我在微博中赞道："多年来第一次在一场决赛中看到如此凌厉的中锋表演。"不料仅仅3个月后，法尔考又一次刷新了我的认知，超级杯决赛对切尔西，他上半场便独中三元并两中门框，马竞4:1大胜。更神奇的是，上述决赛5球都是左脚攻进，而在当年12月6:0大胜拉科鲁尼亚一战中，法尔考独进五球，除一个头球外，另外四球均是右脚打进。不过，法尔考在2012年金球奖评选中也只排在第5位。更可惜的是，他为钱所诱，委身摩纳哥，法国杯中在无名球队的主场重伤膝盖。希望他能创造奇迹，赶上世界杯。

同在2012年的11月，伊布在对英格兰的友谊赛中上演精彩大四喜，最后一球的远程倒勾更是载入史册。我当时还与人争论过，"伊布四球与法尔考超级杯三球，哪个更可贵？"毕竟英瑞之战只是场友谊赛，且英格兰在领先后已经放松。一年后的2013年10月，伊布欧冠客场对安德莱赫特又来了次四球，包括那记令主场球迷叫好的禁区外凌空爆射。但在2013年12月，苏亚雷斯有了超越伊布的作品，英超5:1胜诺维奇，苏亚雷斯四射一传，这四个球个个经典：35米外吊射死角、凌空飞身扫射、挑球人球分过后劲射、直接任意球入死角。在我记忆中，从未有哪位球星能在一场比赛中奉献如此多的佳作，哪怕是梅西和C罗。

说了这么多，还没有说到2013年夏天创造世界足坛身价纪录的贝尔，以及实际身价去他不远的内马尔；还没有说到西班牙的黄金一代——哈维、伊涅斯塔、大卫·席尔瓦等足坛精灵，他们亲身经历了史上最佳俱乐部之一巴萨和史上最佳国家队之一西班牙；还没有说到无敌拜仁的罗贝里……虽然网上总有人感叹“现在球星不如以前”，但我确信，我们正处于足球史上最好的时代，至少是“之一”。

世界杯，梅西还有两次机会

文/骆明

梅西手捧世界杯金球奖，意兴阑珊，没给颁奖人好脸色看。别人也不客气，不少名宿对他当选最佳球员提出质疑，连布拉特主席都对国际足联技术小组的决定表示“意外”。话说回来，此奖若不给梅西，该给谁？

为罗本和J罗鸣不平的人最多。J罗以6球成为最佳射手，还贡献了2个助攻，但必须看到，他的前四场，并没有遇到顶级强队的考验（1/8决赛，乌拉圭队苏亚雷斯停赛），1/4决赛遇上巴西队，他被对手的强力阻击所遏制，终场前的点球只是个安慰。

罗本的表现与梅西绝对在同一层面，但并未超出。两人的小组赛都尽善尽美，1/8决赛，罗本终场前制造关键点球，梅西为迪马里亚送上关键助攻。1/4决赛，罗本制造4张黄牌，梅西则屡有妙传，策动了致胜进球。半决赛，罗本和梅西正面对垒，保守的两队都是8防3，限制了两人空间，罗本好不容易杀入禁区一次，被马斯切拉诺飞铲阻拦，梅西则是一次右路强突后传中，可惜妙传被马克西浪费。至于最后一战，罗本对阵心神不宁的巴西队，梅西对阵志在夺冠的德国队，实无比较意义。无论如何，梅西还是决赛中阿根廷队最具威胁性的球员。

真正可惜的是德国队球员。德国队有四人入选金球奖10人名单，最有希望的穆勒和克罗斯都在决赛中功亏一篑（另两人是胡梅尔斯和拉姆）：穆勒只要再进一球，足可金球金靴双杀，但他在决赛中无射门，只有2次越位和1次解围；克罗斯对巴西一战有神级发挥，一跃成为金球奖潜力股，但决赛中回顶险酿大错，两脚远射也绵软无力。

本届阿根廷8球，梅西进4个，助攻1个，制造1乌龙，策划1球，球队对其依赖程度实属罕见。但他捧金球仍引发不满，归根结底是人们的期望值太高了。荷兰队大赛前就没被当成热门，范加尔甚至生平第一次低调防反，于是罗本每带荷兰前进一步都是加分，而对梅西的要求只有“冠军”，最好“一己之力”——这并不现实，无论在阿根廷还是巴萨。在巴萨的表现助他四拿金球，那是因为瓜迪奥拉打造了最适合他的战术。当巴萨陷入低谷，他也不可能一个人拯救，如同上赛季西甲收官战，主场拿下马竞就能加冕，却最终无力回天。

梅西在本届世界杯很多时候已有“一己之力”的意思，如同在巴萨时也曾“独力”斩落阿森纳和AC米兰。但到了决战时刻，面对战术严谨的顶级强队，一人决胜并非易事。纵是克鲁伊夫和马拉多纳这样的时代王者，在世界杯决赛中三遇德国队（1974荷德、1986和1990德阿），也都没能进球。另一王者贝利留下两届完美的世界杯决赛，共入三球，但他身处一个超级明星团队，明显盖过对手。1958年的瑞典与巴西不是一个量级。1970年的意大利，半决赛在50度高温下经过加时赛4比3苦胜德国，耗尽心力，决赛下半场连丢3球，1∶4负于巴西。

当然，梅西的这支阿根廷队明星也不少。世界杯前一月，法国名宿德塞利说："不管梅西是否处于巅峰状态，阿根廷队作为一个集体都可以夺得世界杯。我看过没有梅西的阿根廷队，你会发现，梅西并不是特别关键的球员。"此话有点夸张却非谬谈，萨韦利亚上任后，阿根廷面貌一新，攻击线有神奇四侠，中场有马斯切拉诺和加戈坐镇，预选赛漫卷南美——看看本届的哥伦比亚、智利等队，就知道南美区预选赛有多难打，苏亚雷斯和卡瓦尼的乌拉圭队都得去打附加赛。

命运与阿根廷人开了个玩笑。就在世界杯前，双锋阿圭罗、伊瓜因以及中场加戈都在联赛中受伤，虽勉强复出，本届杯赛均状态不佳。到了1/4决赛，迪马里亚又受伤下场，没了"天使"的犀利突破，阿根廷此后竟一球未进！重担全压在梅西肩头，可他身体也非处于最佳状态，在巴萨时便频频呕吐，世界杯的连场加时让他不堪重负，决赛中被捕捉到捂着大腿的细节。在众将遭遇伤病侵扰的不利局面下，萨韦利亚转攻为守，最大程度地榨出了这支阿根廷队的潜力，证明了教练的重要性。

世界杯后一大疑问是：梅西还有没有机会捧起世界杯？梅西并不老。待到2018年的俄罗斯，1987年出生的他才31岁，迪马里亚和阿圭罗（1988）30岁。那梅西和天使届时还能风一般地突破吗？不妨看看本届荷兰队，领衔三杰范佩西（1983年）、罗本（1984）、斯内德

（1984）。正好比梅西大上4岁，曾饱受伤病困扰的罗本，30岁后到达又一巅峰，率领荷兰队首创不败纪录。

如果梅西有雄心、少伤病，2022年世界杯都可一战。看看1994年世界杯，马拉多纳巅峰早过，但34岁之龄仍举足轻重，他一停赛阿根廷便偃旗息鼓。同在34岁，齐达内率领法国队杀回世界杯决赛。梅西近年已尝试转型组织角色，助攻数和进球数一样恐怖，他的精妙传球，颇有队友哈维之风采，萨韦利亚在阿根廷队也将前腰位置赋予梅西。以梅西的意识和脚法，35岁出征卡塔尔，即使不是支柱、箭头，哪个对手敢掉以轻心?

梅西还可能有两次机会，但阿根廷队能否捧起世界杯，一个好教练比梅西更重要。阿根廷队21年大赛无冠，昏庸的足协主席格隆多纳绝对要占“头功”，但愿他还能碰中萨韦利亚这样合适的教练。如果领头的是西蒙尼式主帅，阿根廷队没有梅西也可争冠；如果是上届世界杯的马大帅，三个梅西也无济于事。

金球奖大战，C罗复刻2010梅西

文/骆明

2014年12月1日，2014年国际足联金球奖前三公布，C罗、梅西和诺伊尔在列。诺伊尔能否打破C罗和梅西对金球奖长达6年的垄断?

德国黄金一代终于完成了夺得世界杯的心愿，但他们却很可能错过终极个人荣誉：金球奖。而捧起金球奖的，或许是一位在世界杯上表现平平的球员——2014年的国际足联金球奖，几乎就是2010年的翻版。

2010年，西班牙队首度加冕世界冠军。当年金球奖23人候选名单上有多达7位“斗牛士”。2014年德国时隔24年再捧大力神杯，在金球奖23人中，德国也占了6位。问题在于，德国队是团队胜利的极致。西班牙人虽然星光平均，但至少哈维和伊涅斯塔相对突出。德国队则全面开花，拉姆、克罗斯、穆勒、诺伊尔和施魏因斯泰格在同一水平线，只有决赛进球功臣格策的整体贡献稍逊一筹。虽然欧足联主席普拉蒂尼日前表态，金球奖应在德国队球员中产生（如同2010年他希望哈维得奖），但德国球员互相分流选票，任何一人都很难脱颖而出，如同世界杯最佳球员奖项（即世界杯金球奖）归属梅西。

不过，梅西被国际足联技术委员会评为世界杯最佳，并不意味着他在国际足联金球奖中占据优势，虽然2014年是世界杯之年。2014年8月的欧洲足球先生评选中，梅西甚至连前三都没进——该奖项三甲为C罗、罗本、诺伊尔。综合考量俱乐部和国家队的表现，罗本堪称2014年发挥最均衡的球员（如同2010年他的同胞斯内德），在拜仁时有力挽狂澜的演出，在世界杯上又率荷兰队拿到季军且首次不败完赛。但罗本号召力仍难以抗衡C罗和梅西，且拜仁的德国双冠王欠缺影响力。诺伊尔当选欧洲先生前三更证明了德国人之平均，因为他连世界杯最佳球员的10人候选名单都没进。诺伊尔在世界杯上扮演“门卫”角色夺人眼球，但毕竟不是德国新控球风格的代表。如同卡西利亚斯当年也曾三届大赛淘汰赛不丢球，却很难代表西班牙队冲击金球奖。

C罗是2013年金球奖得主，又当选欧洲足球先生，显然应该是今年国际足联金球奖的头号热门——虽然他在世界杯上只进了一个球，葡萄牙小组赛后也告出局。2010年的梅西已经有过先例，那年世界杯阿根廷止步八强，梅西一球未进，他仍然凭借下半年的不间断进球在金球奖争夺中胜出。

不过C罗和4年前的梅西还是有些差别，那就是他拿到了今年仅次于世界杯的集体荣誉——欧冠。皇马第十冠意义非凡，C罗更创造了单赛季17球的惊人纪录。梅西2010年也是欧冠和西甲的双料射手王，但那年他的团队荣誉只有西甲冠军，对于前一年的六冠王巴萨来说已算失色。2010年，梅西在记者选票中只列第四，是凭借国家队主帅和队长的选票卫冕金球成功，而今年梅西若想挑战C罗，仍然需要主帅和队长们的帮忙，因为欧洲足球先生的结果已经暗示，C罗不需要世界杯也能得到记者们的青睐。

纵观2014年的球员英雄谱，上半年堪称C罗和迪马里亚双星闪耀。C罗受伤病影响，表现不如2013年下半年，国王杯决赛C罗不在，迪马里亚和贝尔联手制胜，欧冠决赛，迪马里亚又成为当场最佳。但“天使”世界杯中途受伤，对阿根廷和其本人都是双重打击，新赛季投奔蛰伏中的曼联，更让他金球奖难攀高位。

世界杯上，梅西、罗本和德国众将在同一水平线，但梅西和罗本对球队的决定性作用稍胜德国众将。而新赛季的走势对C罗有利，在拉票的最紧要关头，他频频进球，总能抢占头条。虽然梅西位置后撤后，助攻数甚至多于进球数，因此像以往那样直接比较梅西和C罗的进球数并不那么科学。然而在个人奖项评选中，进球多的球员总是更占便宜。

2010年，西班牙在个人奖项上还有一遗憾：博斯克在最佳教练的评选中输给了穆里尼奥。世界杯后德国队的低迷表现，对勒夫不是一个好兆头，好在他没有像2010年穆里尼奥那样强势无双的竞争对手。安切洛蒂完成了皇马欧冠十冠，但就成绩的难度来说，西蒙尼比他更胜一筹，率马竞在西甲打破西超垄断，在欧冠决赛中离胜利又只差几秒。如果勒夫能最终折桂，德国足球的2014年已足够完美。

“门卫”的好运

文/骆明

每到金球奖评选季，争论永远少不了。与往年一样，C罗和梅西是不变的主角：有欧冠冠军和一系列进球纪录在手，C罗风头明显胜出梅西；梅西在世界杯上被评为官方最佳球员，但世界杯决赛错失单刀，留下了永远的遗憾，争夺金球的呼声也弱于往年。2014年11月下旬，他以连续帽子戏法成为西甲和欧冠进球王，不过这时国际足联金球奖的投票已经结束。

能与C罗、梅西一争高低的，只有德国队成员了。以欧足联主席普拉蒂尼为代表的一些名宿认为，世界杯是2014年国际足坛最重要的荣誉，金球奖应颁给德国人。皇马上下为此对普拉蒂尼非常不满。其实，普拉蒂尼4年前就表达过类似观点，2010年金球奖归属梅西，但普主席认为，世界冠军西班牙队的核心哈维理当获奖。

最终，德国门神诺伊尔与C罗、梅西一道站上了金球奖三甲T台，这已是他第二次与C罗同台。世界杯后的欧洲足球先生评选，他也进了前三，在欧洲记者的现场投票中，他名列第二，输给C罗但领先队友罗本。作为世界冠军，德国球员理当获得承认，但对诺伊尔成为德国队“代表”，笔者持保留意见。

诺伊尔在德国队夺冠的征程上，有哪些关键表现？他的支持者一定会马上指出世界杯1/8决赛对阿尔及利亚，或许还会提一下1/4决赛对法国。对阿尔及利亚一战诺伊尔的表现确实夺人眼球，他在禁区外触球19次，创造惊人纪录。但这场比赛的说服力毕竟有限，事实上，德国队进入加时赛只是运气不佳，因为对方门将姆布勒希太过神勇，赛后被评为官方本场最佳的是他而非诺伊尔！对法国一战诺伊尔表现不错，不过德国队在早早领先后一直固守后场，法国队进攻乏力，诺伊尔无须处理什么高难度的来球（如单刀）。

平心而论，诺伊尔在2014世界杯上的表现，与前几届大赛的门神有一定距离。2010年世界杯，卡西利亚斯淘汰赛一球不失，1/4决赛对巴拉圭扑出关键点球，决赛又两封罗本单刀。2006年世界杯，布冯全程只丢了一个诡异乌龙和一个点球，决赛中若非他力扑齐达内点球，意大利恐怕熬不到点球决战。2002年世界杯，德国队实力远不如今日，纯靠卡恩一路护驾淘汰巴拉圭队和美国队。

即使不与往日英豪相比，仅在本届德国队内部论功行赏，诺伊尔的座次也要打上一个问号。世界杯最佳球员十人候选名单，德国队独占四席（施魏因斯泰格、拉姆、克罗斯、穆勒），诺伊尔却未上榜。这个名单由世界杯技术委员会的专家们拟定，他们未选诺伊尔，已证明他在德国队夺冠历程中并非最重要角色。这支德国队与上届西班牙有相似之处，都是以高质量的传球控制场上局面，这是施魏因斯泰格、拉姆、克罗斯等传球能手更受专家肯定的原因，如同西班牙队的哈维和伊涅斯塔。而如果光看数据，最突出的当属托马斯·穆勒，他在世界杯上为本队贡献5球4助攻，为1986世界杯的马拉多纳（5球5助攻）之后最多者。

诺伊尔没有候选世界杯最佳球员，却能代表德国队上金球奖领奖台，旁证了本届世界杯的德国队实力之平均。上届世界杯冠军西班牙队同样群星云集，并因票数分流而无缘金球，但至少人们一提到西班牙队，最先会想到哈维和伊涅斯塔。而这届德国队连哈维这样的代表人物都不好找出，于是普拉蒂尼只能说他希望“一个德国人”得奖，而不像2010年直接点出哈维之名。诺伊尔因门卫角色获得了极大的曝光度，最终成为上位的幸运儿。

虽然笔者对诺伊尔“代表德国”有异议，但对门将进入前三，却是必须鼓掌。往日金球奖评选，防守型球员本就被忽视得太过，门将更是如此。如果没有媒体帮忙，他们几乎不可能出人头地。1963年雅辛捧得金球，1973年佐夫名列第二，这都是“上古时代”之事。2001年拜仁夺欧冠，2002年卡恩获世界杯最佳球员，但他这两年都只能在金球奖评选中排第三。

上一个在金球奖进入前三的门将是2006年的布冯，他以微弱优势压倒亨利位列第二，仅次于意大利队友卡纳瓦罗。话说回来，布冯能排得这么高，同样离不开媒体之助。作为意大利队长和后防中坚，卡纳瓦罗一直是当年金球奖最大热门，但在法国和意大利的宣传战中，布冯受到的支持更多，包括普拉蒂尼也出面力挺布冯。原因很简单，世界杯后卡纳瓦罗抛弃了尤文图斯投奔皇马，而布冯坚守尤文图斯，这让他得到了意大利媒体和尤文名宿普拉蒂尼的更多怜惜。

真正可怜的是皮尔洛。与诺伊尔的“门卫”相比，他的“拖后组织”在足球史上的意义有过之而无不及。2006年世界杯，他三次当选全场最佳（诺伊尔2014年一次都没有），堪称意大利夺杯最大功臣之一，但在金球奖评选中仅列第9——他的运气比诺伊尔差太多。

C罗敲门了，梅西压力大吗?

文/骆明

当梅西2013年1月四捧金球时，大部分人都认可他是这个时代最杰出的球员，但C罗从未放弃努力，在一点点改变外界的看法。试想C罗如再接再厉，拿到第4座金球追平梅西，他在足球史上的地位一定会再度改写。C罗已经在敲门，梅西“压力山大”吗?

2015年3月23日，巴萨主场对皇马之战，出现了足球史上从未有过的一幕：双方主将都坐拥至少三个金球奖。2015年1月12日C罗蝉联金球，成就了这一奇观。

在梅西和C罗之前，克鲁伊夫、普拉蒂尼、巴斯滕都曾三捧金球，但他们从未在巅峰时代相遇。普拉蒂尼1985年完成金球三连冠时，克鲁伊夫已退役一年半；巴斯滕1988年首捧金球也是在普拉蒂尼引退一年后。

梅西金球四连庄及C罗的金球帽子戏法都要感谢这个时代。金球奖最初只颁给欧洲球员，否则贝利拿到三个金球自不在话下，这

C罗

样他会与克鲁伊夫的金球历程产生交集；马拉多纳也可前战普拉蒂尼，后斗巴斯滕。1995年金球奖向非欧洲球员开放，才让巴西人罗纳尔多和阿根廷人梅西成了本时代的金球之王。

2010年金球奖与FIFA（国际足球联合会）的世界足球先生合并为“FIFA金球奖”，客观上助力了梅西和C罗的7年垄断。若金球奖仍如以往一样只由记者投票，2010年金球奖将归属斯内德或伊涅斯塔，2013年金球奖会颁给里贝里，这样梅西和C罗金球各减一座，数据将变成7年5金球。这在历史上并非无先例：克鲁伊夫（1971、1973、1974）和贝肯鲍尔（1972、1976）在1971年至1976年的6年里共获5金球，这对荷德天敌无疑是梅西和C罗之前足坛最伟大的瑜亮之争。

不过，贝肯鲍尔1976年拿到金球时已经31岁，1977年拜仁卫冕欧冠失败后他便转投纽约，从此与金球无缘；克鲁伊夫在巴萨无法重现阿贾克斯时代的欧战辉煌，也在1978年去了美国。而C罗和梅西的对抗远没有停止的迹象，两人都未满30岁，效力于当今收入最高的两家俱乐部，身边好手汇集，一年进五六十球轻轻松松。

当梅西2013年1月四捧金球时，大部分人都认可他是这个时代最杰出的球员，但C罗从未放弃努力，在一点点改变外界的看法。最近一年半他持续高产进球，即使中立派也经常承认他是“现在世界上最好的球员”。金球奖不是评价球星的唯一标准，如刚退役的亨利大帝虽无金球但成就胜过不少金球得主，但试想C罗如再接再厉，拿到第4座金球追平梅西，他在足球史上的地位一定会再度改写。C罗已经在敲门，梅西“压力山大”吗?

当下形势对C罗十分有利。巴萨正遭遇危机，梅西与路易斯·恩里克的关系不易缓解，又因转会禁令未来一年无法买人，本赛季末主席大选也让俱乐部的未来在风中飘。C罗则与安切洛蒂惺惺相惜，安帅左右逢源，把皇马打造成了温暖的家。借2014年四冠之势，皇马在西甲安居榜首，欧冠中也与拜仁并列最大热门。

梅西显然不会坐视即将被C罗追上的事实。与一年前金球连冠终结后的心有不甘相比，梅西今年淡定了许多，对C罗献上了得体的恭维，但C罗的成就一定会刺激到梅西。2014年，足球圈一度对梅西的斗志和身体状况深表忧虑，尤其是上半年，他在不少比赛中有“散步”之嫌。最近几个月，梅西状态明显回升，尤其是连破西甲和欧冠进球纪录后，他渐渐恢复正常。2015年1月11日的联赛，面对马竞向来坚固的防线，梅西如入无人之境，制造了三个进球。哪怕2014年状态起伏不定，梅西仍留下了58球22助攻，与C罗的61球21助攻相差无几。

足球史上很多天才，或不够自律而早衰（如小罗），或因伤病遗憾告退（如巴斯滕），或过早对踢球失去热情（如普拉蒂尼）。但C罗和梅西同时拥有良好的职业精神、相对健康的身体以及超级强盛的欲望。梅西一年踢六七十场仍不喜被换或轮休，C罗的好胜心更是有口皆碑，绝代双骄的金球之战，一时还看不到尽头。

C罗的劣势是比梅西大上两岁，但强健的身体和勤奋的锻炼有助他延长巅峰期（虽然去年上半年那样带伤作战对身体损耗过大）。梅西年方27，风一般的突破应能再持续数年，且过去一年，他尝试转型前腰，这利于他延长运动寿命。不利C罗的是国家队层面，葡萄牙人才断层愈发明显，阿根廷却走出多年低迷，世界杯决赛失败是梅西之憾，但能闯入决赛且当选最佳球员，已是梅西个人一大突破。梅西和迪马里亚们还能在黄金时期出战一次世界杯，或在美洲杯上终结阿根廷队20余年无冠魔咒。

2015年1月11日，38岁的托蒂在罗马德比中飞翔进球，留下霸气自拍。与吉格斯、萨内蒂等“小将”一样，狼王如此高龄仍保持高水平，得益于他长年安守罗马，享受爱戴。C罗自称从小即是皇马粉丝，只要他不离开皇马，辉煌更易长久。2月C罗年满30，看看两位皇马前辈，他就会明白，他还大有可为。

金球奖1956年开评时，迪斯蒂法诺已过30，但他仍在31岁和33岁两获金球。普斯卡什加盟皇马时已近32，一年半没踢比赛的他大腹便便，主帅卡尔尼利亚问：“我能拿这个胖子做什么？”俱乐部官员答道：“让他恢复状态。”普斯卡什在皇马踢到39岁，8年里262场攻入242球，场均0.92球，如此高的进球效率，直到黄金期C罗来后才被超过。

3:4，C罗和梅西的金球之争，是刚进入下半场，还是到了终场决胜阶段，抑或尚有一场加时好戏？我们等着，足球等着。

是谁制造了金球争议?

文/骆明

C罗第二次捧走金球奖，这强化了一个事实：他和梅西是这个时代的绝代双骄。夺金球难，二夺金球的难度则何止翻倍。近30年，只有三人实现此成就，除了1997和2002年的罗纳尔多，就是当今的梅西和C罗了。

C罗的得奖过程引发争议，但他的成就已载入史册，毕竟他度过了伟大的一年，留下了69个进球。金球奖历史上从不缺乏争议，过去也有不少人曾为C罗错失金球鸣不平，只是这次他成了争议的得益者。那么，争议是怎么产生的？争议能否避免？

争议源 · 投票日期

此次金球评选，最大的争议是更改投票截止日期的问题。国际足联做出决定，是在世预赛附加赛次回合之前，其时梅西已受伤，里贝里所在的法国队首回合0比2落败于乌克兰，出线形势岌岌可危。而葡萄牙首回合凭借C罗的唯一进球战胜瑞典，进军巴西在望。这时告知评委推迟投票截止日，傻瓜都知道对C罗有利。

C罗也很争气，11月19日国际足联发出通知后数小时，他上演帽子戏法，帮助葡萄牙3:2客场力克瑞典出线，顿时从金球奖第三热门升为头号大热。但即使借助投票推迟之利，C罗优势仍然非常微弱，C罗1365分、梅西1205分、里贝里1127分。上次前两名分差如此之小，要追溯到2000年，菲戈以197分战胜181分的齐达内。

无论投票或评选，“程序正义”是第一要则，如果国际足联在原定投票周期中宣布回收选票太少、推迟截止日，大家还好理解。投票结束4天后，才突然宣布决定延长投票期，简直匪夷所思。这时国际足联肯定知道是谁领先——假设是C罗领先，再多些票也不会改变结果，为何要冒被各界批评的危险，推迟投票截止日?

那么，11月15日原定截止日时是谁领先？梅西受伤是11月10日，而推迟选票后，里贝里率法国队出线，延长投票对里贝里的益处大于对梅西，但梅西票数仍优于里贝里，这也旁证：原本投票领先的是梅西。

梅西伤后，刚好去年最后两个月不能参赛，而C罗进球势头正旺。恰逢FIFA主席布拉特在牛津大学演讲时口不择言开罪C罗，正急于和解，延长金球奖投票期成了顺水人情。平心而论，如果梅西拿走个人第五座金球，争议将比C罗得奖更大，毕竟他去年受伤时间太多。国际足联是用一个争议堵住了另一个争议。

争议源·投票标准

抛开程序正义问题，C罗2013年是否配得上金球奖？任何争论，最重要的是确定标准。奇怪的是，作为“国际足联金球奖”的合作评奖方，国际足联公布的投票标准，和《法国足球》告知记者的竟然不同。

FIFA版本是“场上表现及场内外言行”，《法国足球》给记者评委的版本明确一些：“2013年俱乐部和国家队的表现（尤其是重大比赛）、公平竞赛及综合水准。”这也解释了为何在记者评委中梅西只列第三，毕竟他今年出色的“重大比赛”只有主场对米兰和圣日耳曼，而C罗和里贝里无论在俱乐部和国家队都有一系列大赛佳作。后两人的最大差别是团队成绩，C罗无冠VS里贝里五冠，该如何定夺?

既然国际足联标准对“团队成绩”本无要求，C罗当然配得上金球。不过，为何记者选票中里贝里第一?

2007年笔者第一次为金球奖投票时，《法国足球》即告知了严格的四条标准，第一条便是“这一年的个人和团队表现（冠军）”。个人奖项为何特地注明“团队表现”？因为足球不是个人运动，温格曾说过：“我不希望任何一人拿金球，我反对个人奖项，这与足球运动的本质相悖。”这正是老金球奖注重“团队表现”的初衷——不能只刷个人数据。

虽然金球奖与国际足联的世界足球先生合并，记者评委们仍恪守原来的投票标准，里贝里才会排名第一。这好比2010年金球奖评选，在记者选票中斯内德第一，梅西第四，但加上主帅和队长选票后，居然变成了梅西第一，斯内德第四。记者和主帅队长的投票取向差异明显，可记者票的效力只有1/3，被完全稀释，既如此，两奖合并有何意义?

正是对2010年评奖结果不满，普拉蒂尼在欧足联自创了欧洲足球先生，与金球奖正面竞争，这让《法国足球》和普拉蒂尼闹得很不愉快。现在看来，《法国足球》的上级——队报集团选择与国际足联合作，让法国人生生少了一个金球奖，倒是普拉蒂尼的欧洲足球先生，让里贝里不至于在辉煌的2013年错过先生荣耀。

争议源·投票流程

连续第二年，欧洲足球先生和金球奖出现分歧（2012年伊涅斯塔和梅西）。值得深思的是，为何金球奖争议如此之多，而欧洲足球先生颁发后几乎没有任何争议？哪怕2012年伊涅斯塔当选欧洲先生时优势极小（19票对梅西C罗各17票），欧洲各界仍心悦诚服。

其实与世界足球先生合并前，金球奖也时有争议。症结在于，一年中最重要的决赛和冠军都在上半年，先生评奖却在下半年，而离评奖时间越近的表现，对评委的影响力更大，争议往往由此而来。梅西和C罗这两年都无重要冠军，却凭借下半年的连续进球锁定金球。而欧洲足球先生的评选是在赛季末，伊涅斯塔是2012年欧洲杯MVP，里贝里刚夺得三冠王，他们借“团队成绩”之势当选，人们自然服气。

欧洲先生的另一特点是只让记者参加。队长和教练固然专业，可人情票满天飞，通过足协回收选票更是多年老大难。看看2013年傅博和郑智的投票，两票中6人人选一样，只是顺序有变化。不可思议的是，最佳教练头名填的都是穆里尼奥——中国足协代投的那位老兄，能不能敬业一点?

欧洲先生最精彩的创新举措是，欧洲记者们选出前三之后，在颁奖当夜，再对三人进行现场投票，保证了投票的“时效性”。国际足联只有一次投票，11月投完，次年1月颁奖，如果中间两个月发生重要变故呢？梅西受伤和C罗神勇，让这一幕在2013年真的发生了。为何不在年底世俱杯结束之后，再进行第二次投票?

欧足联2011年创办先生，逐年改进，渐臻完美。国际足联2010年“吞并”金球奖，面对各种漏洞却改进无方，令我等记者评委徒唤奈何。最后一个疑问：2014年与国际足联的五年合作到期后，队报集团还愿意继续与其合作吗?

名将与名帅

大罗，最伟大9号的9个片断

文/骆明

1. 1993年5月27日，高考在即的笔者，第一次看到了欧冠决赛的直播。比赛闷得令人发指，28岁的巴斯滕拖着伤腿寸功未立，此战后憾别绿茵。一个月后的6月20日，巴西宿敌阿根廷2比1击败墨西哥，蝉联美洲杯。当年8月，罗纳尔多第一次为克鲁塞罗出场，巴斯滕的最佳中锋衣钵有了传人，阿根廷队则此后再未获得过成年队大赛冠军。难道此乃天命？

2. 回顾罗纳尔多的代表作，一般人只会想起他在欧洲联赛和巴西队的进球。其实他在克鲁塞罗出道不久已留下不少神球，留下影像记录的有1994年解放者杯上对博卡的进球，他过半场处拿球，过掉三名后卫及门将后破门，当时他年仅17。

3. 1996—1997赛季，“外星人”驾临巴塞罗那，地球为之疯狂。那一年他的47个进球，直到上赛季才被梅西追平。当时中国资讯尚不发达，《体坛周报》每周的“欧洲联赛大搏杀”版面，西甲报道

罗纳尔多

不过几百字，电视里看不到西甲比赛，只能每周看看皇马和巴萨的进球镜头，但罗纳尔多的威名迅速席卷全国。

4. “又是罗纳尔多！”1998年4月14日联盟杯半决赛次回合，莫斯科天寒地冻，国际米兰球员戴着手套出战斯巴达克。上半场国际米兰0:1落后，下半场罗纳尔多连入两球，国际米兰挺进联盟杯决赛。第二球是经典的外星人入球，他突然起动，禁区内加速盘过两名后卫，再晃过门将，将球送进空门。

虽然过去两年，罗纳尔多反复上演这一场面，但次日中午，当笔者到达一家制版公司，把罗纳尔多的表现顺便告诉《体坛周报》总编瞿优远时，瞿总当即决定：出书！以体坛的效率，不久之后，中国有了第一本罗纳尔多专著——《罗纳尔多画传》。

1998年世界杯，我第一次采访大赛，在巴黎郊外的巴西队基地，第一次见到外星人真身。当时有趣闻一则：一次训练，巴西队主帅扎加洛让球员们练习较弱脚，这让罗纳尔多无事可做——他双脚同样出色。

5. 2000年4月12日，罗纳尔多最黑暗的一天。休战144天后复出的他，仅踢了6分钟，右膝韧带便完全断裂。国际米兰主席莫拉蒂走进更衣室时，看到罗纳尔多哭着喊“妈，爸”。莫拉蒂的心是不是快碎了？国际米兰医疗组担心他可能从此挂靴。罗纳尔多迅速飞往巴黎接受手术，当时笔者正是《体坛周报》的意甲编辑，驻意记者不断发回令人揪心的消息，笔者无数次追问前方：他还能再踢球吗？虽然笔者知道，谁也不能给出肯定答案。巴斯滕的苦难在前，笔者暗问苍天：足球真的如此残酷？

6. 2002年初，笔者的左膝受了重伤，屡次复出屡次再伤，笔者怀疑自己再也无法踢球。当时罗纳尔多刚返绿茵场，也是伤病不断重犯，他的奋斗，激励着笔者克服伤病。

2002年6月30日，横滨，世界杯决赛前，记者们开始票选最佳球员。当时觉得这奖很无厘头，决赛前投票有意义么（最后得主是卡恩）？不过笔者还是把写有“罗纳尔多”的选票投进了票箱。第90分钟，梅开二度的罗纳尔多被换下，记者席上一人率先起立鼓掌，马上得到了所有记者的响应。罗纳尔多又流泪了，这次是幸福的泪。

7. 2002年世界杯8球夺冠是罗纳尔多的巅峰成就，但巴西队主帅斯科拉里和国际米兰教练库珀的结论相同：这只是70%的罗纳尔多。斯科拉里更断言，罗纳尔多永远不可能恢复到百分百。他的话基本正确。

2003年应是罗尼伤后的最佳一年。4月23日客场对曼联，60分钟里，罗纳尔多两记远射，一次抢点，独中三元。被换下场时，主场球迷起立鼓掌，这或许是罗纳尔多的最佳战役。但我觉得，那一年的最后一月，罗纳尔多先后对奥萨苏纳、马竞和马洛卡上演“千里走单骑”，这才是他伤后的巅峰。可惜，2004年春季皇马三线大崩盘，罗纳尔多从此与银河战舰一起沉没。

8. 2005—2006赛季，罗纳尔多受伤7次。当他大腹便便地来到德国时，“肥罗”之名在中国不胫而走。但《体坛周报》国际部有个不成文的规矩：不用这个有侮辱色彩的绰号——对于一个为足球付出太多的人，不能恩将仇报。

就是这样身体不达标的罗纳尔多，踢了5场比赛后，即以3进球1助攻拿到了世界杯的铜靴奖。如果不是把墨西哥队博尔格蒂的乌龙改作克雷斯波的进球，罗纳尔多甚至是银靴得主。其他前锋情何以堪!

9. 2008年11月17日，左膝韧带全断后9个月，罗纳尔多又回来了。在摩洛哥非斯的反贫困义赛上，他首发出场，“游走”了22分钟。国内某视频网站直播了比赛，小有名气的解说嘉宾对罗纳尔多的体型冷嘲热讽，并断言他不可能再踢职业足球。与罗尼的中国粉丝一样，我听了后也很愤怒，只希望罗纳尔多能以实际行动“抽他们一耳光”。

罗纳尔多果真再现江湖。2009—2011年，他在科林蒂安的69场比赛留下了35个进球，进球率刚好过半。这35个进球的意义，绝不亚于2002年世界杯的8个进球。他残缺的职业生涯，终因其勇敢精神而圆满。

名帅当择良木而栖

文/骆明

2004年，是足球史上的“少帅之年”，欧冠和联盟杯的决赛均成为少帅的PK台，穆里尼奥战胜德尚，贝尼特斯力克阿尼戈；安切洛蒂在AC米兰终圆意甲梦，此外加冕联赛冠军的少帅还有沙夫（德甲不来梅）、勒冈（法甲里昂）、罗纳德·科曼（荷甲阿贾克斯）等。

2004年夏天，风光无限的穆里尼奥和贝尼特斯同时登陆英超，分别执掌切尔西和利物浦。此前两年，穆里尼奥在波尔图连夺联盟杯和欧冠冠军，而贝尼特斯率巴伦西亚于2002年和2004年称雄西甲，2004年的联盟杯更是锦上添花。

两位少帅没有让新东家失望，穆里尼奥到任第一季，即指挥切尔西首夺英超冠军，并创造英超积分纪录（95分），附带拿了个联赛杯。贝尼特斯则率领利物浦勇夺欧冠，尤其是伊斯坦布尔之夜，对米兰落后三球的逆转，永载足球史册。更重要的是，两位少帅极大提升了英超的战术水准，为英超在欧足联排行榜上反超西甲为第一联赛奠定基础。

同处英超豪门，两人少不了激烈竞争。切尔西明星更多、板凳更厚，贝尼特斯想在联赛长跑中压倒穆里尼奥太难，只能在欧冠这样的淘汰赛中死磕切尔西。自贝尼特斯上任，利物浦连续三个赛季在欧冠中成为切尔西的苦手，2004—2005和2006—2007赛季在欧冠半决赛中淘汰蓝军，2005—2006赛季则在小组赛中压倒切尔西，落到小组第二的切尔西一出线就遇上巴萨，成为“梦二”的牺牲品。

穆里尼奥和贝尼特斯堪称“一时瑜亮”，但在登陆英超8年后，两人命运却出现极大反差。穆里尼奥虽被切尔西炒掉，但在国际米兰拿到欧冠，到皇马后又终结巴萨西甲三连冠，一直维持着职业教练圈的最高声誉；贝尼特斯的事业则陷入停滞，在利物浦和国际米兰两度被炒，赋闲两年后才在切尔西再上岗。

不得不说，穆里尼奥更会经营自己。从教之初，他在葡超本菲卡和莱里亚试水，将莱里亚带到历史最高排名第5后，他吸引了葡萄牙豪门的注意。2002年1月，他中途跳槽波尔图，开始了征服欧洲之路。波尔图、切尔西、国际米兰、皇家马德里，分析一下他这10年的执教队就会发现，他选择的都是当时在本国最财雄势大的俱乐部：波尔图早已压倒宿敌本菲卡，20世纪90年代（1990—1999年）的10年里拿了8个联赛冠军；切尔西在阿布入主之初是绝对的英超首富，近年来才风头稍逊曼城；穆里尼奥转投亚平宁时，国际米兰已借助“电话门”成为意甲班霸，莫拉蒂正在烧钱旺季；皇马在球场上被巴萨压过一头，但在账本上，他们连续多年成为世界上收入最高的足球俱乐部。

职业足球，钱不是万能的，但没有钱是万万不能的。不论是在哪个国家的联赛，最有钱的俱乐部，几乎必然拥有实力数一数二的球队。在比拼综合实力的联赛中已占据先机，这也是为何曼奇尼虽然饱受争议，却在国际米兰和曼城都能拿到联赛冠军的原因。球队实力够强，加上穆里尼奥执教水平过硬，想不夺冠亦难。从2002—2003赛季在波尔图算起，穆里尼奥在这四家豪门执教了9个完整赛季，拿到7个联赛冠军！相较而言，他在欧冠的两个冠军算是正常发挥，略好于同代人安切洛蒂和贝尼特斯的一冠一亚。

反观贝尼特斯，选择球队的眼光就不如穆帅了。执教巴伦西亚和利物浦时，这两队的实力和财力都在三、四位徘徊。巴伦西亚的联赛冠军和利物浦的欧冠冠军都已是超级成就，想进一步实在太难。尤其是利物浦，还经历了糟糕的老板易主，就在双老板吉列和希克斯刚到来的2006—2007赛季，红军还闯入了欧冠决赛，此后利物浦深陷内耗，2008—2009赛季以86分的本队英超最高分夺得亚军，是贝尼特斯的最后辉煌。如果贝尼特斯像穆里尼奥一样善于顺势而为（如在国际米兰夺欧冠后立马转投皇马），他早该逃离双头老板的“烂摊子”。可惜，利物浦球迷的爱戴，让他欲罢不能，结果2009—2010赛季成绩一退步，便被老板炒掉。

这时，贝尼特斯似乎有了一桩好差使——去国际米兰接班穆里尼奥。可惜，莫拉蒂圆欧冠梦后不复慷慨，贝尼特斯的引援要求，一个都没满足，三冠老臣尽数留下，却已有了夺冠后的惰性，他们还生活在穆里尼奥的影子里，对贝尼特斯的革新举措不以为然。贝帅执教之初，国际米兰成绩尚可，但进入2010年10月后，突然连续不胜。贝尼特斯12月拿到世俱杯后炮轰莫拉蒂，主动“求炒”。他走人后，埃托奥揭秘道：“直到（10月3日主场）对尤文图斯的比赛前，一切都不错，但那之后，更衣室里就发生了一些事情。”此话“明示”了，队员在抵制贝尼特斯。

接班一支到达成功顶峰的球队是危险的。那么，当“救火队员”是不是更好一些？贝尼特斯敢接切尔西7个月的执教合同，可能也是出于这一考虑。但他忘了执教利物浦时与切尔西结下的深仇，结果上任首战，便遭遇斯坦福桥的震天嘘声，这个阴影势必长久困扰他。虽然在切尔西的任务只是救火，可一旦失败，得到豪门的聘书就没那么容易了。祝他好运！

欧文早衰，足球的失败

文/骆明

2013年3月19日，欧文宣布在2012—2013赛季末退役。作为一个见证了他职业生涯全程的足球媒体人，难免会感慨一番。笔者第一时间想起了他的两场比赛。

第一场是2001年足总杯决赛，第72分钟，永贝里为阿森纳首开纪录，第83和第89分钟，欧文梅开二度逆转。这是足总杯史上最经典战役之一，欧文第二球尤为经典，他冲过迪克逊和亚当斯的夹防，接到后方长传，左脚低射远角得分。把欧文带到1998年世界杯的前英格兰主帅霍德尔自夸道，正是他逼欧文练习不擅长的左脚，方有如此进球佳作。让我印象深刻的是一个大学生的讲述，比赛时中国已近深夜，学校早熄了灯，他在一个商店看的球，结果有大批女生观战——都为支持欧文。今日中国枪迷众多，但当时“娜娜”的号召力远不及“莉莉”，尤其是对年轻一代，阳光少年欧文太有魅力了。

第二场是2001年9月英德之战，英格兰客场5:1大胜，又是先失一球，利物浦三星包办五球，欧文更上演帽子戏法，《体坛周报》罕见地用4个版报道了这场世界杯预选赛。加上一周前的欧洲超级杯，欧文一周内四破卡恩大门。就在那个月，《体坛周报》做了整版专题，预言欧文将拿到2001年金球奖。这时金球奖的拉票战在欧洲远未开始，《体坛周报》这个策划抢在所有欧洲媒体之前，并在年底得到应验——当年12月拿到金球奖时，欧文年龄为22岁零4天，至今仍是金球奖历史上第二年轻的得主，仅次于罗纳尔多。

欧文退役之时，笔者的同事梁熙明发了条有趣的微博："当年几大金童皮耶罗、劳尔、托蒂、欧文之中，欧文是唯一拿了金球奖的。但若论地位，窃以为劳尔第一，皮耶罗、托蒂并列，欧文最末……"欧文职业生涯虎头蛇尾实在令人扼腕。离开皇马、加盟纽卡斯尔是他职业生涯的重要拐点，还未满26岁的他开始直线下落，而通常这是巨星们最黄金的年龄，马拉多纳、齐达内、罗纳尔多都在26岁捧起世界杯。

欧文为什么早衰？2012年12月7日，欧文曾在个人网站上给出"权威"分析："我真心认为，我变得容易受伤，是因为年轻时踢的比赛太多。年轻球员当然希望每周都上场，那么教练必须做出决定，让年轻球员得到休息，这能让他们的职业生涯变得更长、伤病更少。"欧文这么说，与曼联主帅弗格森2012年11月的一番话有关："如果欧文早年间被更有效地调教，他会成为一个更好的球员。"欧文同意这一看法，甚至直白地说："如果我小时候签约曼联，无疑会得到更多荣誉，巅峰期也会更长。"

这话利物浦球迷听了想必不太开心，但看到当年同样以速度见长的吉格斯，39岁还披着红魔战袍打了第1000场，谁能否认这一点？贝克汉姆37岁高龄还能在巴黎圣日耳曼打全场，他将此归功于弗格森，“20世纪90年代中期在曼联起步的那批球员——吉格斯、巴特、内维尔兄弟、斯科尔斯和我——大部分还在球场上拼杀，这是因为弗格森给年轻的我们指了明路，尊重比赛、尊重身体、热爱事业。”

欧文进入利物浦一队后，前两个赛季蝉联英超金靴，1998年世界杯更让他成为全球红星。但1999年3月悲剧降临，在利兹联主场埃兰路，欧文的身体达到极限，腿筋断为两半，“从此，我随心所欲踢球的日子宣告完结。”更令人痛心的是，利物浦的体能师恰在赛季前离职，直到接下来的赛季接替者才到位。于是，在关键的康复期里，欧文没有得到固定的治疗，在此后的职业生涯里变得易伤。

作为第二年轻的金球奖得主，欧文的早衰，是足球的失败。速度型前锋易受伤，这点不假，欧文的利物浦后辈托雷斯是另一个例子。但正因如此，他们更应得到特殊的呵护。C罗同样以速度见长，每年比赛众多，但身体状况相当出色，这得益于他在里斯本竞技接受高水平青训、职业生涯之初即进入弗格森的怀抱。梅西也是“追风少年”，巴萨的悉心呵护，保证了他与进球效率一样惊人的连续出场时间。

就在欧文宣布季末退役前两个月，一位天才少年离开了欧洲。帕托曾以2400万欧元身价成为世界上最昂贵的少年球员，然而在欧文拿金球奖的年龄，他只能黯然返回巴西老家，留下16次伤病的记录。新东家科林蒂安的队医认为，米兰实验室该为帕托的伤病负责。帕托刚加盟米兰时身体偏瘦，米兰刻意加强他的肌肉力量，结果这种拔苗助长适得其反。

足球出现天才不易，守护天才更不易。欧文退役时，有人致敬他的成就，有人嘲讽他早该退役，有人不屑他的不忠。但教练们以及足球医疗界，是否也该从中反思些什么？

史前时代的落幕

文/骆明

1986年11月6日，亚历克斯·弗格森被任命为曼联主帅。就在4个月前，迭戈·马拉多纳率领阿根廷击败西德，在墨西哥阿兹台克球场捧起大力神杯。那届世界杯弗格森也出席了，由于恩师斯坦1985年9月在场边猝亡，弗格森接过苏格兰队帅印，指挥了出线附加赛及世界杯小组赛。

1990年5月17日，足总杯决赛重赛，曼联1:0击败水晶宫，这是弗格森来曼联3年半后的第一个冠军。此后两个月，“意大利之夏”热情散发全球，世界杯决赛对手仍是阿根廷和西德，这次拥有“三驾马车”的西德笑到了最后。那个时代，在中国的南方，已经可以通过广东的珠江台和岭南台看到英甲联赛。

1992年，英甲变身英超。1993年，曼联加冕首届英超，这是弗格森在曼联的第一个联赛冠军。当年底，罗伯特·巴乔捧起金球奖，半年后的美国世界杯决赛，他踢飞点球后的背影定格在无数中国观众的脑海里。

又过了20年，在送别无数球星和教练之后，弗格森自己终成告别者。老特拉福德27载，通常认为弗格森带出了4批球员，分别以布赖恩·罗布森、坎通纳、贝克汉姆和鲁尼为代表。这4代球员，也恰好对应4代球迷，分别是普拉蒂尼—马拉多纳时代、三剑客—巴乔时代、罗纳尔多—齐达内时代、C罗—梅西时代。能“通吃”中国70后、80后和90后球迷群体的，舍爵爷其谁！

对于巨星级球员，巅峰期能保持10年已是壮举，而弗格森在曼联的巅峰期维持了20年以上。我们看着弗格森从中生代教练变成老帅，再变成英超最老帅，但他的经典形象从未改变：本队进球后，他像小孩般在场边开怀雀跃。这个场景以后只能通过集锦重温，资深球迷会不会怅然若失？

弗格森在曼联的成功，与付费电视和商业化对足球的渗透同步。凭借高额的电视转播费和出色的市场推广，英超从20世纪90年代初粗糙有余、欧战萎靡的联赛，一步步成为世界上最受欢迎的足球联赛，曼联跻身品牌价值最高的体育俱乐部行列，弗格森的形象也深入人心。根据市场调查机构Kantar（凯度）去年5月的数据，曼联在全球拥有6.59亿球迷，为足球俱乐部最多。中国老一代球迷多以看意甲直播起步，AC米兰球迷最多，而中生代球迷里，曼联迷势力庞大，从1999年神奇夺得三冠王开始，随着英超转播从沿海深入全国，红魔拥趸急剧膨胀。正因此，弗格森的退役，在全球和中国都引发了深度震动。

弗格森和曼联得益于商业化和全球化，但在这个足球时代，在一支球队执政27年的他，像个恐龙时代的遗存。意甲巴勒莫老板赞帕里尼是著名的“换帅狂人”，他进入足球界与弗格森执教曼联同步，这27年，他换了44个教练，36人未干满任期。加图索效力的瑞士锡永，2012年竟创下一年七帅的变态纪录！在弗格森上台的1986年，英格兰顶级联赛还从未有过英伦三岛之外出生的教练（第一人为1990年世界杯后执教维拉的捷克斯洛伐克人文格洛斯），而今天的英超，在曼联之后列2至5位的豪门均由洋帅掌军。

足球本身在这26年也发生了巨大变化。1986年的法国巴西之战精彩绝伦，但这场比赛得长按快进键，方可与周中热刺与切尔西之战的高速节奏相当。弗格森屹立潮头不倒，靠的是不间断的学习。20世纪90年代迟迟不进欧冠决赛，弗格森用法语向里皮讨教，借鉴了尤文图斯的整体足球，回头打败意甲和拜仁夺冠。21世纪初西甲风光，他开始学技术流，买入贝隆等人，两负皇马后发现此路不通，在2003年尤文米兰会师决赛后又改学防反，成果是4年3入欧冠决赛，并创下欧战25场不败的纪录。这个纪录在2009年欧冠决赛中被巴萨终结，2年后决赛，巴萨再克曼联，弗格森颤抖的手并非服输的象征，他在曼联球风中注入了巴萨的快速传球，在英超中收效甚丰。只是，他还没来得及复仇，瓜迪奥拉便离巴萨而去。

弗格森最大的遗憾，是漫长职业生涯中只拿到两个欧冠奖杯。但他4进欧冠决赛，已与里皮、穆尼奥斯并列最多，2冠2亚，也只逊于3度问鼎的佩斯利。加上两个优胜者杯，他的4个欧战奖杯与佩斯利并驾齐驱。不可思议的是，从1983年率苏格兰阿伯丁捧得优胜者杯，到2008年莫斯科雨夜夺得欧冠，时间跨度整整1/4个世纪，任何名帅都望尘莫及！如此“长青”纪录，只有留待新一代早慧帅才来打破——如果2028年后的穆里尼奥、2034年后的瓜迪奥拉和2036年后的博阿斯还能登上欧足联的领奖台。

弗格森退休，标志着足球抹去了“前全球化时代”最后的鲜明印记。仍有一些“老人”在继续战斗，如半年后将满40岁的吉格斯、在阿森纳执教近17年的温格，一个弗格森的战友，一个弗格森的老对手，都值得我们珍惜。还必须向特拉帕托尼致敬，74岁的“金牌教头”比弗格森还大上三岁，退休年龄都过了10年，他仍在爱尔兰队打工，正是他们数以十年计的坚守，让足球变得更伟大。

独一无二的小贝

文/骆明

足球史上，有无数的天才、帅哥、偶像、楷模……但你不可能再找出一个贝克汉姆式的、极其复杂甚至有些矛盾的个体。

他有着足球场上最帅气的面庞，他的球技与贝利、马拉多纳、梅西们有档次上的差距，但出众的外形让他同样获得了全球范围的认知。当然，他不是光靠脸蛋吃饭，他的长传和直接任意球均进入了最顶尖境界，堪与皮尔洛、小儒尼尼奥等大师们比肩。

更神奇的是，这位帅哥有着足球场上最出众的耐力。他小时便是中长跑健将，在家乡获得过越野跑冠军。现代足球中，场均万米已是基本量，在巴萨和西班牙最成功的这几年，哈维每场跑动常超过12公里，在欧冠和世界杯中均为同行之冠。但他仍无法望小贝项背，贝克汉姆在曼联时场均跑动14公里；2001年世界杯预选赛对希腊，终场前攻入关键任意球的小贝跑了16.1公里。皇马时期，贝克汉姆的跑动为西甲最多，场均13公里。

同时，他还是最“职业”的球员之一，训练永远兢兢业业，场上始终奋力拼抢。连对大牌最不近人情的铁帅卡佩罗，在皇马把贝克汉姆下放二队，直言“不会再安排你为皇马踢球”后，小贝仍以他的敬业感动了卡佩罗，重回主力阵容并以西甲冠军告别。

贝克汉姆的脸庞，成就了他的名气，却也造成了太多误解。对小贝了解不深的人，看多了他出席各种活动派对，见惯了他和辣妹出双入对，难免感觉他是个“花瓶”，甚至专业足球人士也不例外。

2003年3月，《体坛周报》全球独家首发贝克汉姆将加盟皇马的消息。当年夏天，他刚到皇马便随队来华，引发追捧狂潮，那时不少中国媒体讥笑小贝在训练中脚法不精，断然进不了首发，西班牙媒体也对他持消极态度，认为小贝是来卖球衣的，无法与菲戈竞争。然而，小贝改踢后腰后，以最快速度融入皇马，不断进球和助攻，2003—2004赛季上半程结束时，他被普遍认为是“西甲最佳引援”，并以其职业精神得到西班牙媒体的交口称赞。

有趣的是，2009年米兰从洛杉矶银河租借小贝时，同样的一幕又发生在意大利，人们纷纷批评米兰此举是纯商业行为，小贝在场上没有任何价值。2009年1月12日，米兰客场对罗马的硬战，小贝出人意料地首战即首发，并表现出色。米兰主帅安切洛蒂解释说，这是对小贝这么快融入球队的奖赏。前4场攻入两球后，米兰已经考虑买下小贝，只因无法满足银河的出价而作罢，不过还是把租期截止日从3月延长到赛季末。2013年小贝临时加盟巴黎圣日耳曼半年，还是在安切洛蒂帐下，小贝同样经历了从被质疑到被承认的过程，虽然他年事已高，无法再成为主角球员。

在英格兰队，小贝也历经起伏。1998年世界杯的红牌，曾使他在英格兰为千夫所指，直到2002年世界杯预选赛他完成救赎。2006年世界杯后，麦克拉伦宣布弃用贝克汉姆，但次年小贝在皇马征服卡佩罗的同时，也回到英格兰队，并有上佳表现。这个时代，太多大牌球员30刚出头即告别国家队，但贝克汉姆始终胸怀报国志，到了2010年还想以35岁之龄出征世界杯，为此再度被租回米兰。正是连续两年往返欧美，毫无休整期，让小贝在这年3月跟腱断裂——与2015年累坏跟腱的科比和萨内蒂一样。当时各界已猜测小贝是否会就此退役，但小贝又奋战了3年，2011年底拿到美国大联盟冠军，2013年又加冕法甲冠军。

回顾小贝职业生涯，他加盟皇马是最具争议的决定。他和“银河战舰”互相成就，同时达到声誉的顶峰，但在竞技上，银河战舰并不成功，对战舰上的巨星都有损害。齐达内郁郁寡欢，过早退役；菲戈和劳尔日渐沉沦，直至离开皇马，在国际米兰和沙尔克建功立业，才得到新的承认；罗纳尔多和小贝挨了卡佩罗的整，只得跳船；小贝幸而咸鱼翻身，临走时拿到联赛冠军。但在皇马的不如意，让小贝过早动了前往美国的念头，令他本人不无后悔。如果留在曼联，继续和弗格森合作，小贝职业生涯的巅峰期、高产期肯定会更长，例如2008年可能拿到第二个欧冠。

但正是离开曼联的漂泊，让贝克汉姆有机会征服西班牙和意大利这两大足球重镇，证明他并不是“花瓶”，这对他形象的塑造善莫大焉。他在美国的拓荒，提升了美国大联盟品牌，让亨利、罗比·基恩等名将追随而至。英超行销世界之时，英格兰的顶级球员却极少像当年的莱因克尔、加斯科因一样出国踢球，欧文也是浅尝辄止，只有贝克汉姆纵横五国联赛，留下一段传奇。

贝克汉姆“投对了胎”

文/骆明

贝克汉姆退役，令全球粉丝感伤、球迷感怀。纪念他的文章如汗牛充栋，一方面褒贬他在球场上的事业，一方面探究他的品牌传奇。贝克汉姆为什么会成为“万人迷”，理由不一而足，个人认为有一点不可或缺：他生对了地方。

英国早已不是“日不落帝国”，在政治上的影响力降至数百年最低点，但他们在文化上的影响力仍令人仰望。只要看看2012年伦敦奥运会就知道了，开幕式把近代英国的历史罗列一下，闭幕式来场“同一首歌”，让歌星们逐个露下脸，已经让很多国人自惭形秽，在网上争得昏天黑地。英国文化渗透力强，一是传统和历史使然，二是英语的强势地位。英语是世界第一通用语言，咱们中国人拿大学毕业证都得过英语四级，而只要学英语，难免接触到英国文化。因此，只要是英国媒体感兴趣的人物，很容易成为全球的共同消费对象。

贝克汉姆

贝克汉姆确实很帅，在球场上的“圆月弯刀”也足够销魂，但若不是生在英国，成为优质偶像没问题，却不大可能成为风靡全球的“万人迷”。不妨看看意大利，当贝克汉姆在英超走红的时代，意甲正是欧洲足球的霸主，而且意大利批量制造帅哥，内斯塔、（大）因扎吉、卡纳瓦罗等不胜枚举，但他们的影响力只局限于足球领域。假设因扎吉是英国人，贝克汉姆是意大利人，今天的万人迷难道不是因扎吉？如果您不相信，可以看看巴洛特利。

巴洛特利在国际米兰时，以乖张举止得到“巴神”的绰号，但那时在中国也就意迷关注他多点，嘲笑和讽刺几句作罢。转到曼城后，他的举止仍然那么“神经”，但传播效果高了不止一个量级，毕竟英国媒体在全世界的影响力远非意大利媒体可比。巴神升级为全球性话题人物，甚至继梅西之后，成为第二个单独登上美国《时代》周刊封面的足球运动员。

此外，意大利和英格兰媒体的取向也有不同。意大利的足球报道，以专业体育报纸为龙头，他们当然也报道巴神的神事，但会更多集中于足球，其影响力也止于足球领域。而英国没有专业体育报，最好的体育报道都由各大综合性报纸呈现，他们乐于挖掘巴洛特利的各种鸡毛蒜皮，而经由《泰晤士报》《卫报》等大报的全球传播，巴洛特利的声名远扬足球场外。

报道取向的不同，也影响到贝克汉姆的形象。昔日英国强势媒体推动了小贝走红，但这些媒体对小贝的生活和婚姻报道太多，让欧洲大陆的人认为小贝就是个走秀的，在场上无甚用处。无论是皇马还是AC米兰、巴黎圣日耳曼，贝克汉姆刚到时，当地媒体都认为他只有商业价值，没资格上场，不过小贝总能以他的专业和勤奋，先征服教练后征服媒体。

有趣的是，小贝浪迹的三个欧陆国家——西班牙、意大利和法国——正好是体育媒体最发达的国度。西班牙的马德里和巴塞罗那各有两家体育大报；意大利的米兰、罗马和都灵各有一知名体育报；法国则拥有体育第一报《队报》和足球第一刊《法国足球》。贝克汉姆在这三国扭转了“花瓶”形象，对他在足球圈中的口碑不无益处。

英国星工厂成就了小贝，但若论造星能力，英国仍然比不上美国，毕竟美国是当今第一强国。美剧、好莱坞、纽约时报，每天都在影响世界。鸟叔的《江南style》还不错，却也好得有限（相信不是笔者的个人之见），一经美国明星们在社交软件上转了几下，马上火遍全球，耳朵要听到起茧。这传染力，不服不行。

林书豪的成名亦得益于“美国影响力”。现在林书豪已回归平淡，在火箭队不时遭到质疑，但所有人都不会忘记他在2012年掀起的林氏风暴。2012年年底国内各媒体评选年度热门词汇时，“林疯狂”都排在前列。林书豪骤然走红时，很多人都在探讨，林书豪真的有这么厉害吗？而我当时与同事讨论的一个话题是，如果林书豪不是美国人，他会这么火吗?

我思考的另一个问题是，足球中，有没有林书豪这样一度无人问津、却在20多岁迅速窜红的球员？我最后想到了佩德罗。在群英辈出的拉马西亚，佩德罗不算资质突出者，成名前一度考虑去英超，但没人要他，2008—2009赛季巴萨包揽三冠时，佩德罗只是个“打酱油的”。2009—2010赛季初，22岁的佩德罗突然爆发，在西班牙超级杯和欧洲超级杯中连续进球，并在年底完成了六线进球的伟业。想想意大利小伙马凯达，为曼联绝杀维拉一球后都被会吹上一阵（现在您还记得他吗？）。如果佩德罗是英国人，他也会成为足球界的“林书豪”吧?

瓜迪奥拉的自我“背叛”

文/骆明

对于豪门主帅，在万人颂扬和千夫所指之间的转换速度有时快得惊人。2014年3月26日，拜仁成为第一支在早春三月登顶德甲的球队，对瓜迪奥拉的阿谀奉承之辞不绝于耳。同在那个周末，皇马客场1:2负于塞维利亚，加之一周前主场3:4负于巴萨，皇马跌至西甲前三，心急者已开始为安切洛蒂“料理后事”。

不料这一个月风云突变。拜仁在德甲终结不败纪录，又在主场0比3负于多特蒙德；皇马则先在国王杯决赛中力挫巴萨，继而在欧冠半决赛中双杀拜仁。安切洛蒂成了皇马的救世主，瓜迪奥拉则因总比分0:5败北，受到全方位质疑。

输了球就该挨批，这对任何教练都是“公平”的。但断言瓜迪奥拉的传控足球过时、不适合拜仁，全然不顾不久前盛赞他给拜仁带来的改变，这未免也太朝秦暮楚。怀念海因克斯的人忘了，就在拿三冠王之前的2011—2012赛季，海因克斯还因“三亚”挨批，甚至

瓜迪奥拉

在三冠赛季之中，拜仁高层也没有理会海因克斯“如无合适人选，愿意再干一年”的委婉要求，找了瓜迪奥拉。

因为一场大败，就建言瓜迪奥拉应该改变控球哲学，只能说这种境界太低了。如果这些“现实主义者”回到20年前，看到克鲁伊夫的巴塞罗那在1994年欧冠决赛中被卡佩罗的AC米兰4比0横扫，一定会劝说克鲁伊夫放弃“高危”的控球战术，向卡佩罗学实用足球。如果克鲁伊夫听了他们的意见，在拉马西亚引入意式足球，我相信巴萨也没有梦二、梦三了，更无可能成为今日美丽足球的代名词。

就在1994—1995赛季，从北方突然杀出范加尔的阿贾克斯。这个克鲁伊夫的母队，以积极而严密的控球踢法，一个赛季三杀AC米兰，且一球不失。这也旁证，并不是只有西班牙人、西甲球队才能踢好控制足球。此后范加尔有过高峰有过低谷，但无论如何，在巴萨和拜仁都建立了一时功名，进攻足球的信仰从未改变。因为瓜帅一次失败就要求他改弦更张？那拜仁现在就炒他得了。

拜仁大败于皇马，并非证明瓜迪奥拉赖以成名的控球战术进入了死胡同，恰恰相反，瓜迪奥拉之败是因为他“背叛”了自己。当年瓜帅在巴萨，为了实现他的控球+压迫战术，用人特点是“无中锋+小个+技术型”。本赛季，这一套模板拷贝到拜仁，基本运转正常，甚至神似当年巴萨。

但在这场对皇马的比赛中，瓜帅的排阵一点也不“巴萨”，排出“锋霸”曼朱基奇是合理的，可他还加派了技术并不细腻的穆勒在其身后，双后腰是施魏因斯泰格和克罗斯，两人长于分球，但控球带球都不突出，防守亦非强项，无法破坏皇马的快速突击。于是，首发中前场6人里只有两名纯技术型球员——里贝里和罗本，全队只有两名小个子，一个在左前场（里贝里），一个在右后场（拉姆），这怎么踢“巴萨足球”？本该在中场串联罗贝里的那些人——蒂亚戈有伤，拉姆不在本赛季最出彩的后腰位置，技术最好的德国人格策又被摁在板凳上……

瓜迪奥拉为何在赛季关键阶段“迷失自我”，以德式人员踢西式足球？这的确是个谜。贝肯鲍尔在主场对阿森纳的比赛后批评拜仁“像巴萨一样没法看”，此后对瓜迪奥拉的质疑逐渐升温，这也许对瓜帅起了负作用。

那么，拜仁请瓜迪奥拉来“革命”是否明智？留下海因克斯看似是更稳妥的选择，但欧洲足球史反复告诉我们，一支极尽成功的球队，如果不思改变，往往迅速腐朽，1999年曼联和2010年国际米兰在三冠王后的堕落都是明证。瓜迪奥拉给拜仁带来了新鲜空气，新人来了，打法变了。联赛3月夺冠、欧冠打入四强，总不算坏成绩吧？瓜迪奥拉在巴萨4年，两次都在加冕欧冠后的赛季止步半决赛。

世上没有常胜军，也没有常胜将军。拜仁上赛季再夺欧冠，等了足足12年；穆里尼奥的现实派战法与瓜迪奥拉截然相反，也连续4年在四强停步。现在是考验拜仁俱乐部的时候了，是坚定支持瓜迪奥拉的变革，还是半心半意将信将疑。如果是前者，以瓜帅之能力、拜仁之财力，成绩有保证，运气好点能再拿欧冠；如果是后者，队员们定会阳奉阴违，逼瓜帅走人，拜仁开始新一轮轮盘赌。

贝利真的是“乌鸦嘴”吗?

文/骆明

不知从哪一年起，贝利得到了一个不那么美妙的称号：乌鸦嘴，即预测哪个队夺冠，哪个队就栽跟头。对于他的众多“神迹”，笔者最早的印象是在1994年世界杯前，他看好在南美区5:0屠戮了阿根廷的哥伦比亚，结果哥伦比亚小组赛后就出局，还赔上埃斯科巴一条人命。贝利的“乌鸦嘴”太有名了，现在他每一次预测后，该队球迷就马上出来“声讨”之——至少在中国是这样。

贝利的这个称号似乎成了铁案，无可推翻。但令人困惑的是，为何世上有“乌鸦嘴”，却无“神嘴”？恕笔者孤陋寡闻，从未听说过哪个人以善于预测冠军而出名。

前几年倒是有“巫师”频频现身西甲，电台或电视台搬出他们时，先介绍其“神迹”，然后让他们判断联赛走势。老实说，笔者早忘了检验那些预测正确与否，但既然现在不见他们的人影，您就不难想见他们的下场了。

贝利

预测冠军，或许是足球中最难的一件事。拿被卜最多的世界杯来说，巴西贵为2014年世界杯最大热门，夺冠赔率不过是4，依此推来，其夺冠概率为22%，不夺冠赔率高达78%。到第二热门阿根廷，赔率5.5，夺冠概率只有17%，不夺冠概率则升至83%。可见，预测任何一队在大赛中夺冠，都是十分危险的事！

因此，贝利预测失准正常不过。只不过他是球王，人人都会对他洗耳恭听，人人在潜意识里都要求他见解高于凡人。故而一旦他预测失准，“得罪”的人就比一般预言家多多了。久而久之，恶名难除。其实贝利也有过正确的预测，例如2012年欧洲杯预测西班牙夺冠，可谁会记得他正确的预测呢？

贝利现在也学乖了，不再把宝押在一个队身上，仔细对照一下，每次预测的队还有出入（谁叫强队那么多呢？）。例如前不久，他先预测2014年世界杯“巴西和乌拉圭争冠”，可今年1月，他在巴黎预测的是“巴西决赛战法国”，而2013年10月时，他预测的还是“巴西和英格兰争冠”。偏偏还有很多人信以为真，每次听到贝利预测，就欢呼（或惊呼）“××队要倒霉了”，这纯粹是浪费感情。

通过以上概率计算还可得，预测一个队夺冠，远不如预测一个队不夺冠保险。每到赛季前，相信您都会听说很多雷同的“魔咒”，如：得意大利超级杯者失意甲，夺社区盾者失英超，夺西班牙超级杯者失西甲。类似魔咒还有夺联合会杯者失世界杯等，令人不禁大叹足球世界之奇妙。

仔细一推敲，这些魔咒纯属狗屁。“没有染指超级杯的19支球队，夺得联赛冠军的总概率大于夺得超级杯的那一支球队”“世界杯将在没有夺得联合会杯的31支球队中产生”，如果笔者出此言，您一定会怒斥为废话。可上面那些魔咒，不就是这些“废话”吗?

这么多年来，只见过两个真正NB的预测，第一个就是“教皇魔咒”。当保罗二世2005年4月辞世时，“教皇魔咒”便浮出水面。上一个教皇于1978年故去，那一年利物浦称雄冠军杯、尤文图斯夺得意甲冠军、国际米兰夺得意大利杯、佛罗伦萨在最后一轮保级。果然，这几件事逐个重演，利物浦的神奇大逆转，更让人佩服这个魔咒之可怕，尤其杜德克挡出舍瓦的连续射门、又在点球决战中大跳魔舞后，不禁让人怀疑教皇附身于他（保罗二世也是波兰人，也当过门将）。

不过当时还有个小小遗憾，那就是“教皇魔咒”预言阿斯科利升级，但阿斯科利在升3队的意乙仅列第6，升级附加赛又没进决赛。可不久后，意乙冠军热那亚因贿赂对手降级，第3名都灵和第4名佩鲁贾又都因财政危机降级，阿斯科利真的回到了意甲……

今年又有个“66定律”出现了。当阿森纳在足总杯中0: 2落后赫尔城时完成大逆转后，莱因克尔说，上一次发生此事是1966年，而那年英格兰夺得了世界杯。然后马上又有西班牙高人发现，1966年的西甲“贝蒂斯降级、拉科鲁尼亚升级、马竞西甲冠军、皇马欧冠冠军”，神奇的是，这几件事逐一应验。那么英格兰真能夺冠吗？也有人说，1966年世界杯也可解读为“东道主夺冠”，这就利好巴西了。当然，即使真的是巴西或英格兰夺冠，贝利也可以站出来说，你看，我以前就预测过“巴西和英格兰争冠”吧……其实我们都别当真。

伊涅斯塔成败暗合齐达内

文/骆明

完美的控球，优雅的球风，齐达内曾说过，现役球员中，伊涅斯塔的踢球风格最像他。其实不光是足球风格，在职业生涯的轨迹上，伊涅斯塔居然与齐达内有颇多暗合之处，不愧是其“传人”。

根据“足球算命学”，鼠年是球星大年。最牛的当然是1960年的马拉多纳了，而1972年出了齐达内、里瓦尔多、菲戈、内德维德……1984年同样是球星大年，西班牙的伊涅斯塔、托雷斯，荷兰的罗本、斯内德，阿根廷的特维斯、马斯切拉诺……伊涅斯塔显然是其中成就最高者，他几乎复制了齐达内的成功道路——甚至是失败之路。

1996年欧洲杯，24岁的齐达内第一次参加大赛，这时他在法国国内的评价已经很高了，但他那次欧洲杯表现相当平庸，远不如队友德约卡夫。巧合的是，2008年欧洲杯，伊涅斯塔也是在24岁之龄首

齐达内

次在国际舞台接受考验（2006年世界杯，伊涅斯塔只在小组赛第三场对沙特的无关紧要一战中出场），但他的表演也相对平淡，远不如巴萨队友哈维那么耀眼。

1998年，26岁的齐达内爆发了，在尤文图斯历练后，世界杯决赛的两个进球帮助法国首捧大力神杯，奠定了他的巨星地位。而2010年世界杯，也正是26岁的伊涅斯塔在决赛中的绝杀，帮助西班牙首夺世界杯。伊涅斯塔甚至本可像齐达内一样捧起金球奖，不幸的是，那年金球奖正好与国际足联的世界足球先生合并，梅西在原金球奖评委、世界各国记者中的选票只列第四，却被球员和教练捧上了金球王座。

2000年，齐达内率领法国队再夺欧洲杯，他自然是法国队的首功之臣，但因欧冠中的暴力犯规，他错失了那年金球奖。2012年，伊涅斯塔同样率西班牙队再度称雄欧洲杯，并被评为杯赛MVP，虽然他也没有拿到金球奖，但至少拿到了欧洲足球先生。

2001年，齐达内转会皇马，并于次年捧起欧冠，这是他的第三

伊涅斯塔

次欧冠决赛，在1997和1998两度屈居亚军后，他终于圆梦欧冠。而伊涅斯塔也正好进过三次欧冠决赛（2006年、2009年、2011年），他运气比齐祖略好，三次都夺冠了。

最新的巧合，却是不幸的巧合。2002年，30岁的齐达内在世界杯中带伤复出，却无法阻止法国队以卫冕冠军身份小组出局。2014年，30岁的伊涅斯塔也无力回天，目送西班牙队重蹈12年前法国覆辙。对澳大利亚一战是伊涅斯塔的第100场国家队比赛，这时的西班牙却只能为荣誉而战，不过伊涅斯塔仍然不辱使命，三记直传，制造了三个进球。不管西班牙队换血力度多大，伊涅斯塔都将是当之无愧的核心。

2006年，34岁的齐达内在退役之前神威再现，率领法国队杀回世界杯决赛——2018年的俄罗斯，伊涅斯塔，我们等你！

范加尔栽树，自己乘凉

文/骆明

2014年世界杯前，荷兰队频遭伤病打击，星味不如以往（只有所谓的“三棍客”名头响点），并不被人看好，却一路杀入四强。除了范加尔的灵活用兵，荷兰人才鼎盛亦是重要原因，一帮毫不出名的愣头青，个个上场都能发挥作用。谁能想到，这其实是范加尔当年打下的基础?

范加尔第一次执教荷兰队时运势很衰，被爱尔兰和葡萄牙封杀于欧洲区预选赛，未能参加2002年韩日世界杯。但他那时为荷兰足球做了莫大的好事。2002年，他推动荷兰足协建立了全新的青训体制。每个俱乐部的青训都被打分，分数为1至4分不等（分越高越好）。这可不是“面子工程”，如果哪个俱乐部打分高，好球员自然愿意投效。这就刺激俱乐部设法提高青训水平。

青训教练的水平也在提高，2000年以前，荷兰甚至没有正式的青训教练证书。范加尔推动了相关体制的建立，他的观点是：“我

范加尔

认为，要想教好小孩，必须先能更好地执教成年人。执教小孩更难，你必须知道每个年龄组的特点。”

范加尔的努力迅速收到回报。近半个世纪，荷兰一直盛产足球人才，并收获了一个欧洲杯冠军、三个世界杯亚军和6个冠军杯。不过，荷兰在青年赛事中的表现一向不出色。然而，2006年和2007年，荷兰人突然爆发，蝉联欧青赛冠军，并参加了2008年奥运会（当时梅西的阿根廷黄金一代和孔帕尼的比利时黄金一代亦来到北京作赛）。当时荷兰U21队主帅德哈恩说：“当一次冠军可说是运气，但竟然用一支完全不同的球队卫冕成功，这就不是巧合了。要知道，我们还有很多优秀球员缺席。”

2010年，荷兰队闯入世界杯决赛，4年后，他们又杀入四强，这离不开青训体制之功。可范加尔还在哀叹荷兰国小，好苗子太少，“荷兰所有俱乐部都有青训营，但我们没有足够多的优秀球员，假如有30个青训营，那好球员都被分散了。我们应该按地区来建立青训营。我鼓励赫拉克勒斯和特温特合并了青训营，现在他们已是最高级别青年赛事的冠军，这让我很受鼓舞。”

范加尔口口声声抱怨荷兰人口太少，“我们1700万人口有100万球员，这已经很多了，但与英国这样的人口大国比起来不算什么。”咱们中国呢？前些年参加一个足球论坛，我听到一个数字是：中国受训的足球人口是5万，后来又听到一个数字是30万，不管哪个数字是实，比荷兰这样的弹丸小国都少得多了……

迪斯蒂法诺有多伟大?

文/骆明

2014年的足球是不幸的，1月，葡萄牙名宿尤西比奥辞世，半年后的7月，皇马王朝的建立者迪斯蒂法诺又撒手人寰。迪斯蒂法诺曾率皇马在1956—1960年包揽前五届欧冠冠军。在迪斯蒂法诺的黄金时代，电视转播尚不普及，留下的资料并不多。那么，他究竟有多伟大?

很多足坛人士在怀念迪斯蒂法诺时，都用了“足球史上最伟大球员之一”来定义他。而对于那些亲眼见过迪斯蒂法诺踢球的老人，他们给出的定义则是“足球史上最全能的球员”。例如国际足联主席布拉特是这么说：“他是我见过的最全面的球员，他是我的偶像。当他为伟大的皇马踢球时，我还是一名年轻的体育记者，非常近距离地采访他。”博比·查尔顿在曼联官网上说：“我从未见过一个如此全面的球员。”

也许球王贝利最有发言权，他在2009年底说过：“人们在争论

迪斯蒂法诺

贝利与马拉多纳，但对我来说，迪斯蒂法诺才是最佳。他（比我）全面得多。”

迪斯蒂法诺有多全面？据见过迪斯蒂法诺踢球的人说（也只能据说，毕竟他踢球时，笔者还没出生），他是一名熟练后卫、一匹中场战马、一个进攻组织者，还是一个高效射手。在同一场比赛中，你可以见到他回到防线、在中场横冲直撞、为前锋做球，然后自己把球打入网窝。全攻全守（或全能足球）在20世纪70年代被荷兰人发扬光大，其实早在20世纪50年代，迪斯蒂法诺就达到了这个境界。

阴差阳错，迪斯蒂法诺终其一生没有参加世界杯，这是他个人的遗憾，又何尝不是世界杯的遗憾?

温格该怎么“下课”？

文/骆明

2014年11月22日，笔者一连安慰了两拨球迷朋友。先是下午的中国足协杯决赛，鲁能后卫麦克格文最后一分钟头球绝杀，让舜天眼看到手的冠军泡了汤。江苏的朋友在朋友圈和微博里捶胸顿足。然后是当晚的阿森纳对曼联之战，面对伤病更多、状态糟糕的曼联，占尽优势的阿森纳1:2主场缴枪，身边几个阿森纳铁粉不约而同地喊出“温格下课”。

既是批评，难免过激。同事姜斯瀚有些看不下去了，“这两天大伙对温格有万炮齐轰之势，什么‘赖着不走’‘没有自知之明’‘脸皮厚’之类的都用上了。且不论这么说一位64岁的长者是否合适，那他真的是‘脸皮厚？’真的是为了几百万英镑的薪水‘赖着不走’？”姜斯瀚找出了这两年巴黎圣日耳曼苦追温格的报道，然后下结论：“这两年来不管他在阿森纳功过如何，起码对阿森纳他做到了忠诚，牺牲了利益。”

温格

当晚也有球迷问我，那温格该不该下课？我想起2013年3月，在《全体育》专栏上写过一篇“该不该炒温格”。当时我的观点是：第一，以阿森纳英超第四的薪水标准，温格让阿森纳年年保前四且打进欧冠淘汰赛，至少是个“合格”的教练，哪怕说不上优秀。第二，以阿森纳的财力，穆里尼奥这种级别的名帅不可能来，而如果找一个二级名帅，失败的可能性一定远大于成功的可能性。

然而，时代不一样了。如今阿森纳已不再被酋长球场的债务困扰，据2014年9月20日公布的财报显示，2013—2014赛季，阿森纳的税前盈利为470万英镑，而现金储备高达1.733亿英镑，且没有短期债务。于是，阿森纳去年斥资4400万英镑签下厄齐尔，今年夏天又砸出7700万英镑买下桑切斯、韦尔贝克、钱伯斯、德比希和奥斯皮纳，减去卖费尔马伦等人所得，净投入5700万英镑，放眼欧洲五大联赛也仅次于曼联。

俱乐部的工资投入也水涨船高。续约沃尔科特、拉姆齐和威尔希尔等人后，阿森纳薪资总额从1.545亿英镑增长到1.664亿英镑，比上一财年上涨了1200万英镑，这是阿森纳薪资总额10年来首次超过切尔西！可以说，阿森纳的财务状况前所未有地出色，但对比切尔西的战绩，球迷们难免发问，为什么投入盖过了土豪切尔西，成绩却远远不如？

投入增加后，球迷提出更高要求，这实属正常。不过，既然温格千辛万苦，把为建球场勒紧裤腰带的阿森纳带出了最困难时期，总该给老人家时间，享受一下自己的成果吧？只是这个时间不是“无穷久”。2013—2014赛季，阿森纳联赛和欧冠都无进步，但好歹在足总杯决赛中惊险获胜，终结了九年无冠的局面，如果本赛季巨资投入仍无进步，仍然只是完成保四目的（感谢利物浦和热刺更不给力），那么，是该考虑温格下课的问题了。

温格今年夏天才续约3年，现合同到2017年结束。指望俱乐部赶走温格有些难度，但如果阿森纳局面太难堪，温格自己想必也会让贤。最坏的局面是，温格在某个赛季末突然请辞，让俱乐部猝不及防。这方面曼联有血的教训。2013年5月，弗格森出人意料地宣布退役，在联络安切洛蒂等教练未果的情况下，仓促间选定莫耶斯为弗格森接班人。留给莫耶斯熟悉俱乐部、组建教练班子、购买新球员的时间极为有限，曼联当年夏窗关闭前还在恐慌性买人，衰败已露端倪。

如果温格去意已决，最好能提前半年左右知会俱乐部，让俱乐部及早做准备，毕竟欧洲的名帅就那么几个。例如当下，多特蒙德的克洛普已放话，一旦离开德甲最想去英超；由于那不勒斯老板不愿投钱，贝尼特斯在意甲上升空间有限，同样准备回英格兰与家人重聚。阿森纳若到赛季末再打他们的主意，不仅挖人的难度大增，新帅与球队的磨合时间也太短。

现在阿森纳的最大问题是，温格权威太盛。当欧陆的“经理+教练”体制在英超遍地开花之时，阿森纳仍然成败系于温格一人。当年还有长袖善舞的戴恩为温格分忧，如今温格只能唱独角戏。一旦他离开，阿森纳会不会像“后弗格森”时代的曼联，留下无法弥补的真空?

如果可能，阿森纳应尽早任命一位技术总监（当然是在温格同意的前提下），与温格展开合作。这样既能减轻温格的工作负担，也可提前为阿森纳的未来布局。哪怕温格离开，既有路线不至于动摇，新帅也能在这名总监的协助下展开工作，特别是克洛普这样的欧陆教练，基本上都没当过英式MANAGER（足球经理）。当然还有另一种可能，就是温格本人出任技术总监，由他挑选新帅，这是真正的平稳过渡。

欧洲赛事与世界杯

谁能阻止巴萨？

文/骆明

如何对付巴萨？这是经久不衰的热门话题。三个月前，笔者给《全体育》写了篇“是谁纵容了巴萨”，大意是对巴萨切不可消极死守，大胆进攻才有胜机。2011年12月皇马对巴萨的国家德比前，笔者在微博中重复了此观点，引发激烈争论。

实战中，穆里尼奥与笔者的意见暗合，他放弃三后腰，排出“4231”，一开场即全线压上，大胆拼抢，并趁巴尔德斯传球失误，开场不到一分钟即先声夺人。整个上半场，皇马与巴萨旗鼓相当。不过，在巴萨变阵3后卫、加强中场后，皇马渐失控球权，最终1比3落败。赛后，不少人找到笔者说：看，还是死守才行吧。

桑托斯队主帅墨里西也是这么想的，世俱杯对巴萨的决赛前，他公开声明对攻必死、必须死守。他特地排出三中卫，以“532”应战巴萨，全队龟缩半场，结果，以“370”无锋阵型出战的巴萨，上半场即轻轻松松三球领先。0比2落后时，墨里西才以前卫埃拉诺换下后卫加强进攻，虽然局面仍不占优，但博尔热斯和内马尔好歹觅得了数次杀机。

讨论“如何对付巴萨”，绝不是寻找一种必胜模式，毕竟人家实力世界第一。死守或对攻，对巴萨的胜率都不会高，但我至少能找出几个强队靠对攻赢下巴萨的例子，如2010的国际米兰（欧冠）、2011的阿森纳（欧冠）和皇马（国王杯决赛）等。有哪个强队靠死守赢过这支巴萨？我至今没想出来。

2011年12月的国家德比和世俱杯决赛后，大家都承认，现在这支巴萨接近“无解”，即使关键比赛胜巴萨一场，让他们少拿个把冠军，巴萨仍会迅速卷土重来。人们只能希望时间击垮这支巴萨。那么，未来在什么情况下，巴萨可能霸业不再?

最大的可能性是瓜迪奥拉的离开。瓜迪奥拉上任后，2009年巴萨成为六冠王，2011年又是五冠王。但他近期还有一个挑战，那就是让巴萨成为第一家卫冕“冠军联赛”的球队。上一次欧冠连庄，还是1989年和1990年蝉联“冠军杯”的AC米兰。设想，如果2012年巴萨再夺欧冠，一年N冠王又是少不了，瓜迪奥拉待在巴萨还有意思吗?

瓜迪奥拉是个聪明人，与巴萨的合同是一年一签，这种“紧张感”保证了他和队员们的动力，也让自己可随时脱身。没准哪天真有一个极具诱惑力和挑战性的职位，瓜迪奥拉头脑一热成行了呢？早在2009年决赛巴萨战胜曼联后，本报特约记者穆尼奥斯即爆料：弗格森把瓜迪奥拉视为最佳接班人。两年已过，弗格森走人仍未提上议事日程，但毕竟爵爷年事已高，若哪天退位，欲“托孤”瓜迪奥拉，瓜帅总该有点心动吧？曼联毕竟是曼联，这可是世界足坛最有价值的金字招牌（借用《福布斯》品牌价值榜）。

足球是不可预测的，瓜帅离开的方式也不好“预测”。可以肯定的是，一旦他离开，巴萨难免退步。很多人认为，瓜帅的成功得益于超级球员，可自克鲁伊夫后，哪个巴萨主帅造出了今日巴萨的压迫式足球？教练对球队有多重要，不妨看看国际米兰。一年前，国际米兰还是五冠王，在穆里尼奥离开后的一年半，竟然一度陷入“保级战”。

当然，教练易人不等于球队末日，重要的是当权者的选才眼光。巴萨这些年的辉煌，全赖克鲁伊夫选帅得当。拉波尔塔2003年成为巴萨主席后，对克鲁伊夫言听计从，先选定里杰卡尔德当主帅，在前半季的低迷后拟聘斯科拉里，又被克鲁伊夫劝住。及至里杰卡尔德2008年下野，克鲁伊夫又扶正了只执教过巴萨B队的瓜迪奥拉。结果其成功超乎想象。

如今克鲁伊夫已与巴萨闹翻，回师阿贾克斯。一旦瓜迪奥拉他投，可想而知克鲁伊夫不会再提建议。当然，他提建议，罗塞尔想必也不会听。罗塞尔是个商人，选帅自然不会像克鲁伊夫那样眼光独到，他肯定会选一位“名帅”。这可能把事情搞砸，因为既然是“名帅”，总会信赖自己的成功模式，一旦新模式与巴萨众将没有产生化学反应……

还有一派观点认为：哈维和伊涅斯塔才是巴萨之魂，只要等到他们“老去”，巴萨自然难有今日高度。哈维和伊涅斯塔确实是足球瑰宝，但只要看看巴萨的历史就知道，自从克鲁伊夫执教巴萨，着力栽培“4号”传球者之后，巴萨的中场核心从未断档，每4年左右必产一人，且有愈发密集之势。1971年生的瓜迪奥拉，1976年的德拉佩纳，1980年的哈维，1984年的伊涅斯塔，1987年的法布雷加斯和1988年的布斯克茨，1991年的蒂亚戈……你真的相信哈维和伊涅斯塔会后继无人么?

当然还有梅西，他才24岁。一般的顶级巨星，状态保持到32岁不成问题。更何况梅西是乖乖仔，几乎不可能重蹈马拉多纳和罗纳尔迪尼奥自我毁灭的覆辙。如果他真在巴萨再踢8年……

能阻止这支巴萨的，真的只有他们的主席罗塞尔了——不知道什么时候轮到他选帅?

如果球队没有教练

文/骆明

很久以来，笔者一直在思索一个问题：如果一支球队没有教练，成绩会怎么样?

说到这个话题，不由得想起巴斯滕的那句名言："10个教练，只有一个对球队有益"。写这篇专栏前，笔者特地找到了这句话的原出处，那是1996年12月10日刊于国际足联官网的一篇采访，记者问巴斯滕："你与世界上最好的教练共事过，对教练整体怎么看？"退役一年多来极少接受采访的巴斯滕语出惊人："我发现，在10个所谓的顶级教练中，只有1个能真正提升球队，6个无害，有3个甚至会把球队变得更糟。这也是我为什么如此尊崇克鲁伊夫和萨基，两个教练都有远见卓识，能把球队变得更好。"

巴斯滕的分级，只是针对"顶级教练"，那么，如果把所有职业教练分级呢？根据教练对球队的作用，姑且可将其分为六档：第一档，超级教练，不仅提升球队，也让球员提高。第二档，优秀教练，充分发挥球队的潜力。第三档，平庸教练，不功不过，偶尔下好棋，臭棋也不少。第四档，差教练，常下臭棋。第五档，自己是差教练，还被他人左右。第六档，教练天怨人怒，球员巴不得你走人。如果一支球队没有教练，让队员自己踢？笔者估计效果在第二档和第三档之间。

2013年的巴萨，就遇到了不少状况。作为“梦三”缔造者，去年夏天离开的瓜迪奥拉自然是第一档教练；瓜迪奥拉助手比拉诺瓦也是“梦三”功臣之一，上任后能率巴萨创造18胜1平的西甲最佳开局，至少应算优秀教练，可惜对皇马的成绩不够令人信服，能否迈入超级，得看他的造化以及身体状况；比拉诺瓦赴美养病后，鲁拉代行教练之职，他的执教水平难言出色，却还要被比拉诺瓦越洋遥控，这种违反足球常理的尝试自然是悲剧性的，应归入“第五档”，连负米兰和皇马后，巴萨一度走到悬崖边。

这时的巴萨，进入了一个奇妙的状态，那就是“球员主政”。两负皇马后，巴萨4位队长召集本赛季全队第一次聚餐，这次聚餐的效果，在主场对米兰一战中得到体现。此役一开场，我们就能发现一支异样的巴萨，所有球员都疯了似地拼抢，尤其是此前被指“跑动太少”的前场球员，不断地从米兰球员脚下断球，让对手疲于应付。前场逼抢，本是瓜迪奥拉式控球战术的精髓之一，但如此烈度的逼抢，在瓜迪奥拉执教的最后时期都几近绝迹。可见，从“要我抢”到“我要抢”，队员给自己的压力比教练更管用。

队员当家作主，确实胜过一个平庸教练执教，但绝对不是球队的理想状态。主场4:0胜米兰，比分完美，但战术上并不完美。前场逼抢积极，让米兰防线漏洞百出，进攻可打满分，但巴萨的防守实在不敢恭维，米兰射门多达10次，仅比巴萨少4次，尼昂的门柱险些改写历史，终场前，巴萨主动退守，门前更是受惊不小。这在瓜迪奥拉时期不可想象——严密的防守体系，可不是光有球员的主观能动性就足够。“瓜时代”有过倒霉的时候，如2011年主场对阿森纳，对方全场无射门，居然布斯克茨“主动”乌龙；又如2012年主场对切尔西，拉米雷斯抓住仅有的机会巧射扳平，为巴萨出局埋下伏笔。但总体而言，在瓜氏巴萨严密的控球网中，对方机会寥寥无几，只能“撞大运”，在诺坎普更是如此。因此，比拉诺瓦尽快归队对巴萨在欧冠中前进至关重要。

巴萨大佬众多，但“球员主政”只是偶尔为之。这方面“最有心得”的，非切尔西莫属了。蓝军多年来有“五大常委”的说法，特里、兰帕德、切赫、德罗巴、巴拉克在俱乐部和国家队都是大哥级人物，任何教练想镇住他们都不容易。德罗巴和巴拉克离去后，阿什利·科尔上位，四大常委仍然一言九鼎。2011—2012赛季迪马特奥率领切尔西夺得欧冠和足总杯双冠，最成功的一点便是与常委们关系和睦，让这个集体强悍的战斗力得以发挥，这符合“第二档教练”的特质。

如果得罪了“常委”，任你是哪方神圣，都将直降入上述“第六档”。指控常委和其他队员“故意输球”可能有些严厉，但职业足球中，只要一方稍有松懈，败局可能就接踵而至。

穆里尼奥在切尔西功勋卓著，只因开罪了特里，便在第四个赛季早早走人。斯科拉里、博阿斯与穆里尼奥一样，都是在葡萄牙立威后信心满满地登陆蓝桥，但因与队员闹僵，斯科拉里干了8个月，博阿斯也只多待了两个月。如果你是阿布，对“常委”们的举动会开心吗？每开一个教练，都要付出数以千万计的解约金，阿布这样的富翁也会肉痛。为什么迟迟不与兰帕德续约，为什么贝尼特斯敢让特里替补？常委主政的日子快到头了。无论下赛季谁接替贝尼特斯，都可能不再有大牌掣肘的情况发生，大展鸿图的机会来了。

鹰眼PK人眼

文/骆明

门线技术——即通过科技手段判断足球是否过线——在2012年世俱杯的“处子秀”没有掀起任何波澜，但它进入足坛的大势已不可逆转。2013年3月，国际足联给第4种门线技术颁发了执照。6月联合会杯上，国际足联将采用德国的“进球控制-4D”系统，英超则决定从下赛季开始使用本国的“鹰眼”，该系统已应用于网球和板球。西甲也表示将考虑门线技术，但会先观望两三年，看看哪种技术更便宜。

也有一些机构“逆潮流而动”。欧足联主席普拉蒂尼便明确反对底线技术，认为欧足联赛事现采用的底线裁判“更便宜”。而就在英超确定采用“鹰眼”的前一天，意大利足协主席阿贝特认为，意甲没必要采用门线技术。为什么这些足球界的顶级机构，会走上截然相反的道路?

钱，是重要因素。无论是“进球控制-4D”还是“鹰眼”，都需要在球场架设14台高速摄像机，所费自然不菲。巴西世界杯一共12个场地，以世界杯的暴利程度，采用门线技术自然是小菜一碟。而英超富得流油，在20个球场装上“鹰眼”也不是难事，更何况，每套系统每赛季可以使用至少19次，比世界杯的利用率高多了。

欧足联在欧洲杯上采用门线技术不难，但门线技术在欧冠中推广的难度太大了。欧冠不是赛会制，赛场遍布全欧洲，不乏老少边穷地区，有的场地，可能打完三场小组赛后便与欧冠再见。无怪乎普拉蒂尼说：“如果在欧足联的国家队和俱乐部赛事中采用门线技术，5年将花掉5000万欧元。我宁愿把这笔钱投入草根，而不是一年里也许只用判断一两个进球的门线技术。”意甲的经济状况和西甲相仿，都远不如英超，自然不会“大干快上”门线技术。

更重要的是，欧足联和意甲都在实践中体会到，有了底裁，真是用不着鹰眼了。2011—2012赛季意甲第25轮，AC米兰主场1比1被尤文图斯逼平，米兰中场蒙塔里射门，球过线51厘米被布冯捞出，却未算有效，这让米兰仅领先少赛一场的尤文图斯1分，埋下失冠伏笔。但本赛季意甲引入底裁后，所有类似判罚，裁判都“明察秋毫”。欧足联在去年欧洲杯倒是尴尬了一次，乌克兰对英格兰，主队德维奇的进球被误判没有过线，但正如欧足联首席裁判官科利纳所言，这是底裁试用近千场后的唯一误判。更“幸运”的是，在此球发展过程中，乌克兰越位在先，底裁的误判，鬼使神差地拯救了另一次误判。

没有试验过底裁的国际足联和英超，则深感“幽灵进球”的切肤之痛，因此对门线技术满怀热望。2010年世界杯兰帕德的进球，直接促成门线技术付诸实现。英超上赛季频现门线冤案，本赛季依然发生。如2012年9月17日，埃弗顿迎战纽卡斯尔，第72分钟，埃弗顿前锋阿尼什贝头球攻门，被客队后卫威廉姆斯门线解围，慢镜头显示球整体越线，主裁和边裁却视而不见。

鹰眼PK人眼，该选哪一种？如果我是决策者，肯定人眼优先。很简单，底裁成本更低。在足球运动中，裁判支出本就是小头（当然前提是裁判清廉），增加两个底裁不构成任何压力，这比安装及维护门线系统便宜多了。更关键的是，除了判断球过线与否，底裁还能干更多事情。现代足球节奏极快，一个主裁观察场上局势力不从心，禁区更是各种争议的“动感地带”。有底裁严密监视，一是减少禁区内的关键误判，二来对双方球员都起到心理威慑的作用，假摔或犯规多少谨慎一些。

而且门线技术并不是万能的，尤其是现在拟采用的两种技术，都通过摄像机回放来判断。假设球正好被门将摁在身下，摄像机照样看不到！这并非吹毛求疵，2012年4月15日足总杯半决赛便有相近例子，切尔西主场5:1胜热刺，马塔攻入蓝军第二球时，热刺门将、两名防守者与特里共4人纠缠倒在门线附近，球正好打在他们身下，事后普遍认为此球未进，但现场镜头多角度回放，一时都很难确定。单看这一点，“芯片足球”似乎是更保险的选择——在足球中植入芯片，一过线便自动感应。

从足球本身的角度来看，底裁也占据了道德高地。即使是我们身边的业余球赛，采用底裁也可以立马办到，而门线技术注定只能在高级别职业足球赛中采用，这必然把足球分成两类：富人的足球和穷人的足球。

当然，底线裁判终究可能犯错，如果在重要赛事中再出现一次英乌之战的尴尬，便可能毁掉底线裁判的名声。在特定场合，如世界杯或欧洲杯上，鹰眼和人眼完全可以并行不悖：使用门线技术，可基本杜绝门线悬案，而底裁协助主裁严管禁区，甚至可以在门线技术失灵（机器和人一样会犯错）时帮上一把。

欧足联何苦强求“财政公平”

文/骆明

63岁的温格越来越像个“愤青”，经常“吐槽”足球圈的各种时事。本赛季初他再发高论，声称欧足联的“财政公平法案”是个笑话，“太奇怪了，‘财政公平法案’实施这些年，足球世界完全变得疯狂。”“财政公平法案”要求各俱乐部收支平衡，阿森纳显然做到了这一点，但皇马可以拿出数以亿计的钱买贝尔，巴黎圣日耳曼和摩纳哥的转会费也远超1亿欧元，这让温格心里不爽——如果各俱乐部真的量入为出，恐怕阿森纳不会落到今天这步田地。

温格对皇马的批评并不准确。皇马拿1亿欧元买人，也不见得违反了“财政公平法案”。以2013年1月德勤会计事务所的数据，皇马以2011—2012赛季的5.126亿欧元收入排名世界俱乐部之首，去年夏天虽然重金买了伊斯科和伊利亚拉门迪，但卖出伊瓜因等人回笼大笔资金，以他们的财大气粗，买个贝尔又算什么？但巴黎圣日耳曼和摩纳哥肯定有诈，他们的收入显然支撑不了那惊人的开销。

真正想砸钱的富豪，完全可以绕开“财政公平法案”。富豪们直接烧钱可能不合规，却可以通过与他们有关系的公司来掏“赞助费”，大大增加俱乐部的收入。例如曼城与伊蒂哈德所签的赞助合同为期十年，每年4000万英镑，而该航空公司就隶属于曼城的阿布扎比老板；巴黎圣日耳曼更离谱，他们与卡塔尔旅游局签订了每年1.25亿英镑的赞助合同，而巴黎圣日耳曼的后台老板正是卡塔尔人……欧足联当然不是傻子，上赛季他们就曾警告了切尔西、曼城和巴黎圣日耳曼，要求他们证明自己没有“作弊”。如今曼城和巴黎圣日耳曼都可能受到欧足联的惩罚。

其实笔者也觉得“财政公平法案”有问题，只是出发点和温格不一样。他觉得法案没有限制住有钱俱乐部买人，而笔者觉得根本不该限制俱乐部买人。为什么一定要求俱乐部量入为出、收支平衡？就拿曼城和圣日耳曼来说，他们在烧钱的最初几年肯定是亏损，但随着名头打响，门票、赞助和商业开发自然水涨船高，不需要再拼命烧钱。简言之，最初的这笔投入，相当于创业者的启动资金，在商业世界里，哪有要求创业者一开始就盈亏平衡的?

如果要求俱乐部都量入为出，那么足球世界将是死水一潭。强者恒强——依靠自己的力量，从小俱乐部成长为豪门，如此童话在当代只存在于“足球经理”游戏中。没有切尔西的急速崛起，英超恐怕仍是曼联和阿森纳的双头戏。曼城永远无法挑战曼联。如果巴黎圣日耳曼只靠自己，法甲在里昂衰落后将被欧洲遗忘。再说了，当年AC米兰复兴，不也是因为贝卢斯科尼砸钱吗？如果从一开始就严格要求收支平衡，我们恐怕很难看到这20多年来的“米兰盛世”。

话说回来，“财政公平法案”并非没有正面意义。他防不住“富人”，却可以防住那些投机分子。富人们钱是真多，想着法子花出去，如巴黎的老板；投机分子是冒充钱多，扯虎皮作大旗，玩着玩着发现钱不够了，于是各种不靠谱。马拉加便是一例，卡塔尔老板入主后雄心勃勃，搜集了一帮明星，迅速成为西甲新势力，上赛季杀进欧冠八强，却被欧足联停赛一年，便是因为欠了其他俱乐部及本队员工的钱，这是“财政公平法案”绝对禁止的。

中超也有这样的投机分子，如朱骏。他号称自己不差钱，把德罗巴和阿内尔卡忽悠到中国，却养不起这两尊大神，无奈放虎归欧。这极大地破坏了中超的形象。申花还不时传出欠薪传闻，如果中超有类似欧足联的“财政公平法案”，朱骏焉能如此放肆?

财政公平法案并不是“恶法”。除了“不得欠债”，还对参加欧战的俱乐部有诸多要求，例如青训体制、俱乐部架构等，无不是为了俱乐部的可持续发展。一条条读下来，你会佩服，这真是个好法案。如果它更早些实施，就不会有利兹联泡沫破灭、从欧冠一路跌到低级别联赛的悲剧，意甲的那不勒斯和佛罗伦萨不会在十年前双双破产。也正是“财政公平法案”，逼得西甲行动起来，本赛季给俱乐部带上“工资帽”，工资超额部分的新援将不能注册，这也是西甲除了皇马巴萨之外纷纷大甩卖的原因。阵痛固然难熬，但不这么做，西甲的巨额债务永无消减之日。

无法堵住富豪们的关联交易，这只不过是“财政公平法案”

的小小漏洞，瑕不掩瑜。更何况，这点小漏洞自有其益处，一是让大笔活钱流入足球圈，二是让新兴豪门崛起，给足球版图带来新意思。也许再过五年或十年，温格先生会对“财政公平法案”给出正面评价。

让改变发生

文/骆明

让人改变惯性很难，尤其是这种惯性无害之时。我们习惯了在六七月间的夏夜看世界杯和欧洲杯，习惯了在一个（或两个）国家举行的足球大赛，因此，当2020年欧洲杯和2022年世界杯接连发生重大改变之时，便在中国球迷中激起骂声一片。

2020年欧洲杯是地点上的改变，以往欧洲杯都由一国或两国举办，而2020年欧洲杯将由欧洲13国联合举办，一国一城。2022年世界杯则是时间上的改变，虽然是否改期、如何改期这些问题，国际足联要到2014年世界杯后才定夺，但移至冬季已难逆转。一来不可能在卡塔尔的酷暑办，二来改主办地也不现实，于是，冬季来踢世界杯就像头上的虱子——明摆着。

中国球迷对冬季世界杯的成见可以理解，他们习惯了欧洲联赛的节奏，习惯了夏季边喝啤酒边看世界杯。至于部分人批评2020年欧洲杯，就有点不知所谓了。欧洲杯在一国还是多国办，基本不影响中国球迷看球，除非你准备现场看多场比赛——虽然在欧洲看球，跋涉距离和在中国国内旅行差不多。

事实上，在各大足联的诸多改革措施中，2020年“全欧欧洲杯”堪称最受好评之一。普拉蒂尼在2012年欧洲杯结束时提出此设想，马上得到欧洲各方的认可，并在2013年1月迅速通过，一来让欧洲各国利益均沾，二来经济危机背景下，一国办24队欧洲杯有些吃力。这个变革中，记者可能是“受害”最深的群体，因为记者们在全欧洲范围内往来奔波，多少有些不便。但笔者必须承认，这个构想真的很厉害，它让全欧洲加入这个大派对。在中国受到批评，恐怕还是因为欧足联在中国的形象很微妙。2009年的切尔西对巴萨之后，“干爹”之说在中国渐广，于是只要是普拉蒂尼和欧足联的决定，中国球迷不分青红皂白骂了再说，看来，欧足联真的需要在中国做些公关了。平心而论，欧足联恐怕是世界上最出色的跨政府组织之一，与国际足联恰成对照。

2022年世界杯闹剧就是国际足联黑箱操作的最好写照。卡塔尔夏天那么热，在申办国的评估报告中排名最末，但卡塔尔凭借雄厚财力和利益交换，搞定了欧洲大国。其实大家都知道卡塔尔的夏天没法踢球，申办投票刚结束，贝肯鲍尔等名宿便建议改到冬天，欧足联主席普拉蒂尼也旗帜鲜明地表示支持。虽然现在还在讨论具体比赛时间，但普拉蒂尼在2012年9月即披露了他的方案，“世界杯在1月办很难，因为冬奥会。如果我们在11月2日至12月20日停办（欧洲赛事），那意味着欧洲联赛不在5月结束，而在6月结束。”

按照普拉蒂尼的设想，只需将欧洲联赛时段（11月2日至12月20日）与世界杯时段（5月10日至7月10日）交换即可。世界杯结束，球员们正好去过圣诞，假期后照常回俱乐部报到，踢到6月底7月初收工，不会多打一场比赛，也不会少休一天假。唯一的不适，可能是主流欧洲联赛中断了两个月，可世界杯放在六七月，不也让包括中超在内的很多联赛中断很久吗？

至于欧洲联赛在夏天进行，会不会影响质量？既然世界杯可以在夏天踢，为什么欧洲联赛不可以？欧洲和中国的夏天完全不一样，温度适中、气候干燥，十分宜人。无论是西欧的法国、德国、英格兰、荷兰，还是南欧的西班牙、意大利、葡萄牙，这30年都在夏天举办过世界杯或欧洲杯，比赛均很成功。笔者6月去欧洲采访大赛时，酷暑极少见，倒是偶尔因穿衣不够，在看台上冻得瑟瑟发抖。

相比起来，11月和12月，欧洲先后进入严冬，各大联赛都不乏冬天恶劣天气影响比赛的例子。是惯性的力量，让欧洲足球人踢了上百年联赛后才开始思考，为什么在美好的夏天不安排联赛？欧足联秘书长因凡蒂诺说：“（冬天）你会看到球场的人戴着帽子和围巾。英国带给我们这项美妙的运动，但为什么他们（当年）决定在冬天踢足球而夏天不踢？原因是板球（在夏天进行）。6月实在是踢足球的最美妙一月。”

那么对于中国球迷呢？中国大部分地区的6月很难熬，即使半夜看球，也容易一身臭汗，在用电高峰期打开空调很不环保。世界杯与学校考试时间重合，也让很多学生无法正常看球。11月和12月看球则无这些顾虑，最寒冷的冬夜尚未到来（北方集体供暖，更是不会增加碳排放），学子备考也未到关键阶段。

让改变发生吧！至少笔者已经很憧憬2020欧洲杯和2022世界杯的到来了。

米兰之家

文/骆明

走上圣西罗看台的那一刻，觉得自己实在很幸运。

笔者两次进入这座球场。第一次是2007年，到米兰参加中意足球论坛，正值国际米兰为赞助商举办一场小型锦标赛之际，笔者竟然有幸登场踢了十来分钟。7年后重访米兰，是为了给本田圭佑颁发首届亚洲金球奖。AC米兰俱乐部给我们留出了最好的位置：场边第一排的行政包厢座位。

不料一落座，笔者却觉得有些不适，因为坐在第一排，正好被球场边的栏杆挡住视线。笔者马上想起2013年6月中国对荷兰的友谊赛，此战在工体进行，笔者的票还算不错，离场地很近，但一坐下，就发现场边高高竖起的防护网太过碍眼，一转身混到了高层看台，虽然那里的票更便宜，但视野好多了。这次在圣西罗，笔者当然没有这么做，而且圣西罗的栏杆比工体的网子低很多，也没有那么密，对观赛的影响更小些。

因离球场近，能看到很多生动的细节，例如巴洛特利第76分钟踢进点球将比分扳成2:2时，卡卡还停留在场边，在笔者正前方喝水。当时觉得奇怪，踢点球时，队友（尤其是前场的队友）难道不该准备补射或参与二次进攻吗？米兰为他们的松懈付出了代价，巴神进球后仅2分钟，阿毛里为帕尔马再度超出，最终AC米兰2:4告负。

这是一次愉悦的观赛经历。圣西罗是世界足球的圣地之一，如果你是奔着朝圣的目的去看球，一定会留下终身难忘的印象，但不得不承认，这个体育场有些老旧，跟不上时代了。

入行的最初年头，每届大赛都要到场，去过法国、荷兰、日本、葡萄牙等多国大小赛场，世界杯和欧洲杯的决赛都看过，但让笔者觉得气氛最好的还是一场联赛：2006—2007赛季的西甲收官战，皇马主场3:1逆转马洛卡，捧得联赛奖杯。有赖本报驻西班牙记者滨岩之助，我拿着一张皇马会员证进了场。伯纳乌有四层看台，且极为“陡峭”，笔者坐在高处，有如在悬崖边看球。正因球场明显“收拢”，现场音效极佳，人声一起便震耳欲聋，在皇马进球及庆祝冠军到来的时刻，耳膜激荡，有时不得不蒙住双耳。

皇马真得感谢伟大的圣地亚哥·伯纳乌先生。20世纪40年代，他从银行借款，买下马德里市中心的地皮，建起一座巨大的球场。时至今日，伯纳乌仍然是欧洲顶级俱乐部中容量第二的主场。2013年底，皇马又公布了雄心勃勃的改造计划，投资4亿欧元，对球场做进一步升级，设立豪华酒店和商业中心。相比之下，AC米兰计划中能容纳5.5万名球迷的现代化球场，预计开销也不过“至少3亿欧元”，且至今仍是空中楼阁，与皇马的差距不可以道里计。

米兰没有专属球场，这极大影响了俱乐部的商业运营。这次观球，笔者有幸进入了圣西罗球场的隐秘部分，从停车场进入，上贵宾厅，直至球员通道，一路都是红黑色。但这座球场并不只属于AC米兰，上次来圣西罗踢球，我曾在贵宾厅出席宴会，当时厅内是完全的蓝黑元素。想想工作人员不断地切换两种色调，也是一种麻烦的事情。圣西罗绝无可能像安菲尔德球场一样，在球员通道的利物浦队徽旁配上“This is Anfield（这是安菲尔德球场）”。

AC米兰把新总部设在圣西罗附近，也是为了有一块长久的根据地。球迷看球前，可以在“米兰之家”的博物馆、餐厅、商店消费一番。由于本田圭佑加盟AC米兰，此次观球一路上碰到很多日本球迷。而对于中国蓬勃兴起的“穷游一族”，很多人去米兰时都会顺便看场球。“米兰之家”正式对球迷开放后，这里想必也会成为米兰城攻略的重要一站。

但与皇马的酒店及商业中心相比，如此攒钱还是未免太慢。笔者不禁深深忧虑AC米兰的未来。米兰在中国的影响力勿庸多说，“荷兰三剑客”是中国球迷放眼欧洲联赛的启蒙老师；中国的中生代球迷里，米兰球迷占据绝对统治地位。笔者的诸多朋友也是Milanista（米兰球迷）。2011年意大利超级杯，米兰双雄的中国球迷去鸟巢朝圣，现场气氛让笔者颇为感动。据说那是京沪高铁2011年6月开通后第一次爆满，无数人从江浙沪北上北京。可惜，下赛季，米兰双雄都很可能无缘欧冠，这将是2001—2002赛季以来的第一次。

三十年河东，三十年河西。国际足坛的势力版图在不断变化，米兰消沉也许只是暂时，但归根结底，金钱是豪门霸业的根基。AC

米兰的投入在意甲仍是数一数二，找个好教练，杀回欧冠并不难。但在皇马、巴萨、拜仁等富家及巴黎、曼城、切尔西等“土豪”的重压下，他们想回到欧冠巅峰，真不知要等到何时了。

那些“坑了”意大利队的记者们

文/骆明

每逢世界杯或欧洲杯这样的大赛，《体坛周报》都会开一个栏目叫“高端对话”，由我们的记者或特约记者采访国外球员或名宿。不过，意大利国脚一直缘悭这个栏目。不是我们不努力，而是意大利队封闭得太厉害，即使是意大利的三大体育报，大赛期间也无法做到球员独家专访，只能在混合区或新闻发布会向球员提问。

我一直不理解为何意大利队在大赛期间如此“沉默”，直到最近看了《世界杯冠军志之意大利》一书，才恍然大悟。原来媒体在意大利队的世界杯征程中有如此大的影响，甚至可以说，很多时候，意大利队不仅要与对手作战，还得与媒体作战。

意大利队成立之初可不是这样。1910年5月15日，意大利国家队进行了第一次正式比赛，在米兰城6:2击败法国。此后两年，意大利队没有真正的主教练，由足协官员、记者、裁判和著名球星组成的委员会投票决定球员人选。这是记者在国家队“最有话语权”的阶段，直到1912年波佐上任——波佐率意大利队在1934年和1938年蝉联世界杯，至今没有哪位教练可以复制这一壮举。

媒体再一次对意大利队产生决定性影响，已是50年之后。1962年世界杯在智利举行。此前两年的1960年，智利发生9.5级强震，损失惨重，但以一句“我们已经一无所有，但不能失去世界杯”保住了主办权。世界杯前，两位意大利记者——《晚邮报》的基雷利和《民族报》的皮齐内利先期探访东道国，把智利写成了“悲惨世界”。于是，意大利成了最不受欢迎的客队。第二轮小组赛遇上智利，在裁判偏袒下，东道主拳脚并用，意大利两人被罚下、一人被打断鼻子，0:2告负，最终小组未出线。

这届世界杯还有个插曲。意足协原希望刚率AC米兰夺得1961—1962赛季意甲冠军的罗科执教，罗科人已到了巴西，准备去阿根廷与国家队会合，这时他给名记布雷拉写了封信，抱怨国家队教练组搭档。布雷拉却将这封信发在报纸上，于是罗科被搭档抵制，他飞到阿根廷后马上闪人。正是这个布雷拉，4年后在意大利对朝鲜的比赛前写道：“如果连朝鲜都打不赢，我一辈子再也不写足球了。”结果意大利输给朝鲜回家，布雷拉也食言了。

那时，媒体话语权极大，他们的观点可以左右国家队主帅的用人。AC米兰中场里维拉1969年成为第一位捧得金球奖的意大利人，但意大利名记批评他攻强守弱，意大利主帅瓦尔卡雷吉无奈发明“接力棒”，让里维拉与国际米兰中场马佐拉各踢半场。半决赛4:3胜德国的经典大战后，意大利在决赛中1:4负于巴西，这是二战后蓝军最佳成绩。但回国时，罗马机场外却有大量球迷前来抗议，他们并非抗议球员，矛头直指主帅、领导和媒体，为里维拉鸣不平。

1974年世界杯，更严重的更衣室矛盾爆发了，而媒体成了当事人的“传声筒”，意大利队小组未出线。到了1978年世界杯，名帅贝阿尔佐特彻底封闭球队，不允许媒体再像过往那样随意与球员们接近，既避免消极情绪传入球队，更可避免内部矛盾通过媒体传递出去。意大利记者们突然发现，除了新闻发布会，什么都没了。可想而知，他们把怒火倾泄到对球队的批评上。但新生的意大利队勇夺第四名，战胜东道主阿根廷，对阵荷兰和巴西也只是惜败。回国后，意大利球员们在机场受到了英雄般的欢迎，球迷的西红柿和臭鸡蛋则留给了记者团。4年后，贝阿尔佐特故伎重施，并以夺得世界杯痛击了批评他的记者。意大利记者的“惨败”，直接导致我们如今在大赛期间看不到意大利球员的“专访”。

当然，那些“耳根软”的主帅，仍难免受到媒体干扰。例如1998年世界杯，两个“9号半”皮耶罗与巴乔展开正面竞争。之前赛季，皮耶罗打入32球，帮助尤文图斯夺得意甲冠军并打入欧冠决赛，并拿到了意大利队的“10号”，但他在欧冠决赛中受了伤，世界杯上状态不佳。而巴乔在博洛尼亚创下个人最佳赛季进球纪录（22球），顺理成章成为首发，并在前两场小组赛中表现优异。但在部分国内媒体和赞助商施压下，主帅老马尔蒂尼在小组第三战遣上皮耶罗，结果皮耶罗的表现反不如替补上场的巴乔。谁知到了淘汰赛对挪威和法国，老马尔蒂尼仍然让皮耶罗首发，皮耶罗却寸功未立。意大利点球负于法国后，老马受到诸多批评，皮耶罗和巴乔的交替使用就是最大罪状之一。巴乔是如此得人心，以至于2002年世界杯，特拉帕托尼索性不带巴乔了，因为这时巴乔已难胜任主力，而只要他一打替补，媒体球迷就议论纷纷。

当然，封闭媒体不是万能的。西班牙队对媒体全开放，也不误他们大赛三连冠，博斯克对媒体批评充耳不闻就是了。重温意大利队战史，再次强化了一个观念：媒体，永远是足球运动中的重要角色。

米兰“双熊”，学学马竞！

文/骆明

2013—2014赛季前，没人想到西甲能到达又一个巅峰，继2006年后再度包揽欧战荣誉。

2013年，德甲作为“最健康联赛”强势崛起，拜仁和多特蒙德把欧冠决赛变成“德国杯”；英超借助高涨的电视转播费重金买人，尤其是大挖西甲墙脚。西甲则迎来“清仓”时代，受欧足联“公平竞赛政策”影响，以及对欠薪积习忍无可忍，西甲联盟本赛季前对工资帽和转会收支出台了严格标准。2013年夏天，西甲卖人近5亿欧元，净赚1亿欧元有余。马德里竞技卖了镇山之宝法尔考，巴伦西亚走了索尔达多，塞维利亚更是把能卖上价的都送走了，如内格雷多、纳瓦斯、孔多比亚等。

不料2013—2014赛季西甲大爆发，淘汰赛六队外战全胜。马竞与皇马会师欧冠决赛，巴伦西亚和塞维利亚在欧联杯半决赛中相遇，塞维利亚最终决赛战胜本菲卡夺冠。同时马竞还加冕西甲冠军，塞维利亚也从上赛季西甲第9升至目前的第5，一度有望进军欧冠。一朋友难以置信：“2013年夏天卖了9000万欧元，塞维利亚还这么强，这不科学！”

2013年恒大夺得亚冠后，中超曾陷入金钱崇拜，认为职业足球便是烧钱，只要持续烧钱，中超雄霸亚洲指日可待。但本赛季鲁能等队烧钱后的惨状，以及韩国俱乐部小本经营却依旧大杀四方，这些事实告诉我们，职业足球绝不仅仅是比烧钱。

西甲有多辉煌，意甲就有多落寞。下赛季，米兰双雄均无缘欧冠，这是2001—2002赛季以来的第一次，探讨沉沦之因，“没钱”被放在第一位。但看看德勤今年1月发布的全球俱乐部收入排行榜，AC米兰排在第10，国际米兰第15，马竞只列第20，塞维利亚更是没上榜。即使在意甲内部比，AC米兰（1.05亿欧元）和国际米兰（9500万欧元）的年度工资分列意甲二、三位，仅次于尤文图斯（1.15亿欧元），远高于那不勒斯（7400万欧元）和罗马（6250万欧元）。欧战无成就还倒罢了，在意甲都进不了前四，能怪自己“没钱”吗?

马竞和塞维利亚的成功有其共性：“良好的青训+得力的经理层+超级主帅+低薪+高价卖人”。西班牙本就是青训强国，马竞和塞维利亚又算佼佼者；马竞的球探系统向来以挖掘前锋和门将享誉足球界（如迭戈·科斯塔和库尔图瓦），塞维利亚的体育经理蒙奇亦是西甲有名的神奇管家，去夏“大清仓”后，蒙奇满世界捡破烂，居然凑成一支王者之师；马竞主帅西蒙尼是当今最红主帅，塞维利亚的埃梅里也是西甲少壮派代表，该队法国前锋加梅罗赞道：“他为足球而生，我第一次见到有教练入戏如此深。”

低薪+高价卖人，这看似窘迫下的无奈之举，却大大改善了球队的财政状况。更关键的是，这让球员踢球时动力十足：虽然现在拿得少，但只要表现出色，就能去豪门拿高薪，俱乐部绝对乐于放人。

这种成功模式并非西甲首创，波尔图已经玩了好多年。这个“欧洲第一黑店”，自己培养或从南美挖来大量希望之星，只要买家上门给出高价，必定放人，加上穆里尼奥和博阿斯等少帅点拨，波尔图成了21世纪夺得欧洲两大杯最多的球队（与巴萨、塞维利亚同为3次）。多特蒙德走的亦是“波尔图路线”，虽然卖人常是迫不得已，但流失了沙欣、香川真司、格策、莱万多夫斯基等MVP后，他们总能迅速挖到合适的替补，克洛普的整体足球威力不减。

米兰双雄的症结在于，明明经济实力不如以往，却没有放下身段转换路线。加利亚尼号称“意甲第一经理”，以总能廉价罗致大牌闻名。可转会费低往往意味着高工资，如罗比尼奥和梅克斯，以自由身加盟，拿着AC米兰顶薪（450万欧元/年）混日子，却很难处理掉。如今的AC米兰，除了巴洛特利，还有谁能卖出高价？米兰对教练的选择也太随便，阿莱格里走了，居然请来毫无经验的西多夫，这可不是老贝富甲欧洲的时代，随便来个教练也能成功。

国际米兰2010年夺得三冠王后，留住所有重臣，错失了第一次换血良机，近年来大降薪又操之过急。如今国际米兰一大帮南美各国名不见经传的外援，这点倒挺像波尔图。他们的失策之处在于青训完全浪费（AC米兰青训虽差，还提拔了德希利奥等人），此外还保留了老豪门的做派，好球员总想留住，如瓜林，豪门索价时不卖，后来交换武齐尼奇更是莫名其妙，以至于他现在很不开心。更好笑的是，新老板托希尔强调自负盈亏，却违背降薪大宗旨，以400

万欧元年薪签下维迪奇，还准备从英超淘其他“免费”老将，他真以为自己占了便宜?

那不勒斯和罗马不如米兰双雄有钱，但去年夏天卖人得力，大换血极为成功，同时从外国觅得良帅贝尼特斯和鲁迪·加西亚。米兰双雄如果不换活法，别说欧冠复兴，在意甲重新出头都难。其实他们坐拥“金字招牌”，新秀们来到米兰城，关注度必然上升，镀金一下，卖高价不难（如蒂亚戈·席尔瓦）。当“意甲波尔图”，真的不丢人。

皇马第10冠，非银河战舰式胜利

文/骆明

皇马逆转马竞欧冠夺杯，几乎是2014年3月2日联赛马德里德比的重演，唯一区别是前者多打了30分钟。

2014年3月的卡尔德隆之战，开场仅3分钟本泽马即为皇马首开纪录，马竞凭借科克和加比的进球顽强反超，下半场之初仍以强悍的逼抢牢牢控制局面。但与欧冠决赛一样，一进入换人时段，皇马便逐级提速。这两战，安切洛蒂派上的替补都是马塞洛、伊斯科外加一个青训产品（分别是卡瓦哈尔和莫拉塔）。马塞洛是世界最佳左后卫之一，伊斯科是欧洲金童奖得主，他们的上场迅速给皇马注入活力。而西蒙尼的替补席没有好牌，只能眼睁睁看着皇马收复失地。两场德比，马竞均在80分钟后被扳平。尤其是欧冠决赛，塞尔吉奥·拉莫斯补时第3分钟头球破门，这是马竞的不幸，但机会良多的皇马本可更早追平。

2014年3月德比，马竞神锋迭戈·科斯塔和中场阴谋家阿尔达·图兰打满全场。在两人欧冠决赛未出力的情况下，马竞还差点夺冠，西蒙尼榨出了这支球队的所有潜力。因为决赛告负，西蒙尼给马竞的赛季打了9.5分。其实西甲夺冠、欧冠进决赛，马竞已配得上10分，这场功亏一篑的决赛，该加0.5分才是。

皇马首发阵容斗不过马竞，但在板凳深度上，终于体现出金钱的威力，皇马主席弗洛伦蒂诺在等待12年之后，收获了他的第二座欧冠奖杯。有趣的是，当年弗洛伦蒂诺大手笔购星，令皇马得号“银河战舰（Galacitos）”，如今皇马仍花钱不少，但在欧冠夺冠之际，这个称号在西班牙已被人遗忘。

现在的皇马，只有一位真正的“银河巨星”——C罗。C罗之外，仅卡西利亚斯在2008年借西班牙队的欧洲杯拿过金球奖第4，其他皇马众将，从未进过金球奖前五！但莫德里奇和迪马里亚等实力派战将，都在本赛季奉献了世界顶级的表现。在安切洛蒂圆滑手腕的协调下，皇马形成了坚强的战斗集体，即使王牌C罗赛季末受伤病困扰，仍完美收官。

2009年夏天复辟皇马后，弗洛伦蒂诺一度继续醉心于“银河战舰”路线，同时购入卡卡和C罗。但血淋淋的失败，让他逐渐改变只信巨星的哲学（控制转会的穆里尼奥亦有贡献），本赛季前更是一口气收入三名本土新秀（卡瓦哈尔、伊斯科、伊利亚拉门迪），这在以往是不可想象的。

唯一有争议的转会是贝尔。贝尔有潜力成为“银河巨星”，但1亿欧元的转会费仍显太高。所幸贝尔尚未功成名就，千万年薪仍与C罗相差甚远，故而他顺利地被C罗及更衣室接纳，本赛季立下殊功，包括两场决赛的决定性进球。

相比之下，去年巴萨购入内马尔则后患多多。内马尔转会费最初公布为5700万欧元，随着内幕逐渐曝光，实际数额不断攀升，甚至可能超过1亿欧元。更要命的是，这笔钱很大一部分落入了内马尔家人的腰包，加上内马尔本已超千万的基本年薪，他在巴萨的年收入直逼2000万欧元。巴萨名宿克鲁伊夫直言："巴萨的麻烦在于签下了一位21岁的球员，而他的工资要高于那些为巴萨赢得一切的球员。"抚慰老臣，唯一办法是加薪。梅西刚成为世界第一高薪，而伊涅斯塔等巨星续约时也只得大幅涨薪，结果是抬高了巴萨整体薪水。

根据2014年4月ESPN（Entertainment and Sports Programming Network，娱乐与体育节目电视网）的数据，巴萨球员平均年薪为世界运动队第5（745万美元），紧随第4位的皇马（759万美元）。新一轮加薪运动后，巴萨可望追近甚至反超皇马，但两队板凳深度相差太多，尤其是中后场，巴萨任何大将都"伤不起"。这不正是当年皇马"银河战舰"的窘状吗?

2002年皇马拿到欧冠第9冠后，弗洛伦蒂诺的巨星政策让皇马星际迷航，这12年，眼睁睁看着巴萨拿了3个欧冠。如今巴萨变成了中前场堆砌巨星却问题多多的"银河战舰"，皇马却重登欧洲之巅，这真是足球的轮回。但愿弗洛伦蒂诺不会被第10冠冲昏头脑，重新去搜刮成名巨星。有星星C罗和准星星贝尔，马德里的夜空已经很灿烂了！

从破产到升超，7年的童话

文/克韩

2015年4月27日晚间，3:0完胜博尔顿后的伯恩茅斯更衣室到处都是喷洒的香槟。理论上，他们还没有到庆祝的时候，毕竟他们只领先身后的米德尔斯堡3分，而英冠还剩最后一轮。但实际上翻盘的可能性也只存在于理论中了：唯一积分追得上伯恩茅斯的米堡净胜球为+31，而伯恩茅斯为+50，在一轮之内完成20个净胜球的大逆转，难度无限接近于零。这意味着，伯恩茅斯这支成立于1890年、此前125年从未升入过顶级联赛的球队，终于要破天荒了。

其实本赛季大部分时间里，伯恩茅斯一直领跑英冠，能在27日基本确定升级奇迹，他们实至名归：截止倒数第2轮，他们进球95个，是英冠最多的。他们的升超，也将终结自2011—2012赛季博尔顿和布莱克本降级后英超没有B字头球会的历史。

这将是英超迎来的第47路诸侯，他们只能容纳1.2万人的金沙球场也将是英超历史上最小的球场。历史上英超有过不少可歌可泣的小球会，如1993年在霍德尔带领下升级的斯温登；1997年升超的巴恩斯利（109年首次进入顶级）；2009年首次亮相、城市人口不如老特拉福德满座人数的伯恩利；2010年以英冠最低工资账单奇迹升超的布莱克浦……现在，我们将看到又一位“新人”。

布莱克浦射手奥默罗德当年形容随“黑池”杀入英超的感觉时，曾留下一句名言：“感觉我们就像是在没有太空火箭、甚至没有戴头盔的情况下登月成功。”伯恩茅斯的升级同样是个奇迹：仅仅7年前的2008年夏天，深陷英乙（第4级）的他们距离破产清盘只差24小时；2014—2015赛季之前，伯恩茅斯的史上最高联赛排名是上季的英冠第10。俱乐部现任主席莫斯廷就说：“伯恩茅斯的升超，是安徒生搁笔后最伟大的童话。”

神奇主帅埃迪·豪也承认：“这一切都不像是真实的。”埃迪·豪是升超的最大功臣。2008年12月31日，球员生涯大部分时间在伯恩茅斯度过的他接任时，年方31岁，是英格兰联赛（英超之外的三级联赛）中最年轻的主帅。而且那个赛季伯恩茅斯因财务问题开局被扣17分，等埃迪·豪接手时球队在榜尾牢底坐穿。

但埃迪·豪的奇迹就此开始：执教的第一个赛季，负17分开局的球队在倒数第二轮成功保级。第二个赛季，他带领球队以英乙亚军的身份升级，然后跳槽去伯恩利。离开埃迪·豪后，伯恩茅斯在英甲的第一季曾杀入升冠附加赛，但未成功。直到2012年10月埃迪·豪回归：此前球队11轮只胜1场，接近降级边缘；而他接手后21轮只输1场，直接升入英冠。这样的大逆转是30年来第一次！

这也是伯恩茅斯1990年以来首次升回第二级联赛。其实，重新接手球队时埃迪·豪并不容易：他的妈妈去世不久，而妻子正在家中怀孕待产。他日后回忆说：“我第一次在这当教练时，很有雄心。但到外面执教然后回来，再加上我生活中发生那么多事情，说实话我什么梦都没有。别忘了我们当时什么方向都没有，我们几年前还刚差点跪了，要破产了。是一群球迷从口袋里掏钱让我们活下去，我记得当青年队教练时，球迷们会在募捐桶里扔两个零钱。”

现在的伯恩茅斯当然不用再这样俭省了，因为他们也有了个俄罗斯富翁老板（杰明，石化业富翁，为购买伯恩茅斯股份花费了85万英镑）。在英冠巩固了一个赛季后，本赛季带队升超，埃迪·豪更多感慨：“所有感觉很难用言语来形容，我是一个永远的悲观主义者，但现在，也许需要非常强力的药才能让我不开心了！但最应开心的是球迷，那些对我们不离不弃的球迷才应享受这高光时刻。”

波佐家族四大联赛第三队

如果说伯恩茅斯的升超是童话，那么沃特福德上周末的率先升超，让英国球迷的心情更复杂一些。首先，俱乐部已经不属于英国人，而是属于意大利的波佐家族。战胜布莱顿、确保升级一役大名单中，有3个意大利人，巴西、厄瓜多尔、尼日利亚、墨西哥、匈牙利、捷克人各1，还有1个为阿尔及利亚效力的法国人，1个瑞士籍的波斯尼亚后裔，球队总共也只有6名本土球员。

其次，这家外来色彩浓厚的俱乐部，在很多坚持公平竞赛的英国人看来至少是“污点”的东西。波佐家族从进入英格兰足坛起，就不被喜欢：2012年夏天，他们入主伊始就解雇了创下沃特福德4年来最高联赛排名的主教练戴奇（现伯恩利主帅），任命了意大利同胞佐拉；他们还利用英格兰联赛租借系统的漏洞，从关联俱乐部乌迪内斯和格拉纳达共租借了14名海外球员；当时英格兰联赛对本土租借有限制，但海外租借则被视同为转会，因此没有人数限制。

在强援帮助下，沃特福德以第三名的成绩打入升超附加赛，决赛被水晶宫一球气走。其余英冠俱乐部气不打一处来，终于在2013年夏天堵上规则漏洞：海外租借视同国内租借，每队只能有5名租借球员同时在比赛阵容中，从同一支球队租借不得超过4人，一支球队一季租借不得超过8人。

漏洞被堵住后，波佐家族的第二季没有那么美妙，只取得第13名。2014—2015赛季，直到11月之前他们看上去依然不像是一支会升超的球队：在36天内，他们先后更换了4名主帅；因为球衣尚黄而绰号“大黄蜂”的他们，堪称是在“野蜂乱舞”中奇迹般地完成了升超。在乌迪内斯上周末3比1完胜AC米兰后，波佐庆祝了沃特福德升级，“这将是我们书写成功故事的墙壁上的又一块砖。”

赛季初，沃特福德的主帅是意大利人圣尼诺。尽管开局4胜1负，但由于在更衣室不得人心，圣尼诺在8月31日下课。2天后，前布莱顿主帅奥斯卡·加西亚接任，但9月29日他又因健康原因（心口疼入院治疗）辞职。3天前刚被任命为一队教练的麦金利救火，一周后的10月7日，21世纪初在切尔西踢过球的塞尔维亚人约卡诺维奇又接过教鞭。

头8场，约卡诺维奇只取得2胜。2015年1月，球队聘请了罗杰斯执政沃特福德时的助手迪恩·奥斯汀，英语欠佳的约卡诺维奇终于和球队有了很好的沟通，成绩就此扶摇直上。

沃特福德的升超被英国媒体贬低的另一个原因，是他们在强强对话中成绩其实很糟糕：前八小联赛中，沃特福德只取得13分，而米堡取得了26分，诺维奇24分，伯恩茅斯21分。但硬币的另一面，是沃特福德对弱旅的成绩好得惊人：对其余16支球队大黄蜂场均得2.4分，场均进2.5球，场均丢0.6球。

沃特福德的打法比较大陆化，阵中现在有重新焕发生机的前热刺门将戈麦斯、第一个连续3个赛季为沃特福德打入20球的迪尼等人。上周末他们客场战胜布莱顿，在回家的大巴上听闻米堡输给富勒姆、诺维奇被罗瑟汉姆逼平的消息，最终确定了升超。当时车上的庆祝是如此疯狂，媒体开玩笑说："都不知道司机是怎么控制住车辆的。当然了，如果你升入了英超，你有资格这么疯狂。"这是沃特福德第4次打进顶级联赛，此前3次是1982年、1999年和2006年。不过，英超时代的2次升级都只待了1个赛季。

百年老队6年连升4级首进意甲

随着2014—2015赛季意大利乙级联赛战罢第38轮，领头羊卡尔皮领先暂列第3的博洛尼亚12分，提前4轮锁定晋级名额。这支来自艾米利亚罗马涅大区的百年老球会下赛季将首次亮相顶级联赛。该队2010年从意丁升入丙二联赛，6年内连升4级，成为又一个神话缔造者。

本轮比赛，卡尔皮坐镇主场与卡萨诺的母队巴里握手言和，前38轮取得21胜、12平、5负的骄人战绩，以75分继续稳坐意乙积分榜头名，领先暂列第3的博洛尼亚12分。由于意大利乙级联赛的前两名将直接获得升级资格，且卡尔皮与博洛尼亚的相互交锋战绩占优（主场3:0，客场0:0），因此，该队提前4轮锁定升级资格。

五大联赛有哪些俱乐部可以复制马竞的成功?

文/杨健

作为本季马竞欧冠资格的最直接竞争者，不再人穷志短的巴伦西亚，在经营哀鸿一片的西甲依稀有“土豪”气魄：入主之初便砸下真金白银9500万欧元的林荣福，虽然引进安德烈·戈麦斯、罗德里戈、奥塔门迪、穆斯塔菲、内格雷多都有挨宰之嫌，但消费能力背后的复兴野心昭然若揭。这与当年以4000万欧元吃进法尔考的马竞，颇有异曲同工之妙——要挑战西超双雄，阵容和斗志之外，手笔和气场同样不可或缺。在资本市场搏出一片天的林荣福显然深谙此道，而随着蝙蝠军团战绩提升，胃口也愈发惊人，范加尔已不止一次被巴伦西亚主席萨尔沃的电话骚扰：“2500万镑，马塔卖不卖？”

作为超前消费和新建球场的最大受害者，2009年至今先后将戴维·席尔瓦、比利亚、马塔等人套现的巴伦西亚，一度沦落到只能拣二三流球队便宜货充实阵容的地步。而如今鸟枪换炮、风格愈发多元化的“蝙蝠”，似乎又回到了世纪之交的盛况。全球亿万富翁排行榜排名第655位的林荣福投资巴伦西亚并非偶一玩票，而是实打实的资本升值，与经纪大鳄门德斯的深度合作，注定今夏的梅斯塔利亚球场，或许又将迎来不少令球迷激动的面孔。

天降重金固然是喜事一桩，但如何把钱用到刀刃上却是一种学问。马竞大管家卡米内罗上任后引进的米兰达、阿尔达·图兰、格列兹曼等人都堪称妙笔，但比起球员时代同为名将、退役后转战球市的阿洛夫斯，西班牙人的履历和成绩单还是要逊上一筹。作为当年那支风光无限的不来梅的缔造者，阿洛夫斯加盟狼堡至今，不但成功将马加特遗留的冠军阵容完成新老交替，更为铁帅找到了最称职的接任者黑金。如果2012年汽车城的选择是舒斯特尔，也许如今的德甲豪强版图中未必会有狼堡的身影。

尽管被多特蒙德主席瓦茨克屡次批评“人傻钱多”，但背靠大众集团的狼堡相比批评者，倒是真真切切把钱花在了刀刃上：古斯塔沃带来的是专属于冠军的赢家气度；天价加盟的德布劳内的核心价值更胜同胞阿扎尔之于切尔西；许尔勒回归德甲更如同宣言——并不只有拜仁才有实力从海外买回国脚！

如果将上任后买进的主力们全部套现，升级之后常年在球市做亏的沃尔夫斯堡定然能海捞一票。当然，兵多将广从来都是成为“新马竞”的必备条件，黑金的4231战术盘中已经人满为患。

迭戈·西蒙尼上任之初，几乎所有人都认为塞雷索和小希尔的选择出于旧情，而非技术层面。但经历意甲和阿甲洗礼的匪帮少帅，不但成功将狼群战术注入马竞DNA，更以混不吝的刺头精神令豪门倍感头痛。三军易得，一帅难求，寻找最适合自己的“西蒙

西蒙尼

尼”，自然是志在成为马竞的效仿者们重要的一环。而新世纪第一个问鼎意甲的罗马，似乎已经在鲁迪·加西亚身上找到了满意答案。

卡佩罗卸任后的罗马帅位堪称意甲最高危职业。21世纪前十年仅斯帕莱蒂一人可算不辱使命，2004—2005年间先后四任主帅迎来送往，加西亚之前，拉涅利、蒙特拉、恩里克、泽曼轮流休克疗法，“红狼”几近奄奄一息。履历上只有2010—2011赛季法甲冠军的加西亚虽然人生地不熟，但以柔克刚的法国人迅速凭借人格魅力征服了奥林匹克球场。妙语连珠的他不但令托蒂、德罗西等大佬心悦诚服，乐于接受轮换或位置下调，切换于“无锋”和433间的多变打法也令利亚伊奇、伊图尔韦、皮亚尼奇将换血潜移默化地完成。

当眼高手低的米兰双雄和过山车般的那不勒斯先后偃旗息鼓，在积分榜上直追尤文的依旧是罗马人。“红狼”从不缺血性和才情，缺的是戮力同心的氛围，温润君子加西亚带给首都球队的恰是久违的安全感。

全欧顶级联赛自产率最高的球队是哪家？不是坐拥拉马西亚的巴萨，也不是青训梦工厂阿贾克斯，而是小鬼当家的里昂。马竞一线队中不过加比、科克、马里奥·苏亚雷斯和萨乌尔四位青训，在西甲已算青训翘楚。一线队超过65%均为子弟兵、可轻松排出青训首发11人的里昂，超越床单军团可谓轻松愉快。

自1987年奥拉斯当选俱乐部主席后，重视后备力量培养便已成为里昂建队基调。队长戈纳隆和中场核心格勒尼耶打上主力仿佛就在昨天，乌姆蒂蒂、费里已经成功接棒，但最耀眼的莫过于前场双子星拉卡泽特与费基尔。包办了里昂本季法甲60%进球的两人，不就是2015年的本泽马与本阿尔法吗?

2014—2015赛季犬牙交错的法甲，里昂子弟兵们从青训营延绵十余年的默契，可谓球队争冠路上的最大保障。尽管财力上已不复七连冠之时，但井喷般的新人足以保持球队竞争力。与托雷斯时隔9年回归卡尔德隆神似，热尔兰球场对于昔日名将也从来都持欢迎态度。35岁的老臣马尔布兰克在不甚成功的英伦淘金之后，如今在发迹之地度过了3个惬意的赛季，虽然并非绝对主力，但对后生们的传帮带无须多言。拿到一个法甲冠军再退役？想必里昂上下，心思都和归家的“老马”高度一致。

世纪之交的意甲属于罗马城，先行问鼎的“蓝鹰”成功秘诀无他：买人。维耶里和克雷斯波都曾短暂创下转会费世界纪录，而即便在2001年克拉尼奥蒂已出现严重财政危机的当口，球队依旧以大手笔拿下了门迭塔和克劳迪奥·洛佩斯。寅吃卯粮的透支经营，令资金链一度断裂、需要银行担保才完成意甲注册的拉齐奥，不得不将名将次第套现，不可避免地在与传统三强的对话中败下阵来。

20世纪至今，拉齐奥仅两次跻身过欧冠，2005—2006赛季更一度为保级而战，本赛季前也常年在中游打转，依稀已成路人背景。虽然洛蒂托能凭往日辉煌招徕过气老将撑门面，也不乏低进高出的妙笔。况且球队本赛季战绩强势，但球队的上限恐怕亦止于此。眼下正火的费利佩·安德森与德弗赖等人，谁又敢保证他们对蓝鹰从一而终?

从碾压拜仁到为保级而战，2004年还举起德甲银盘的不来梅近10年下行轨迹之苦涩，实令见者唏嘘。回顾鹦鹉军团的堕落轨迹，球市上的弱势可谓罪魁祸首：早在球队尚未称霸的2001年，就把潜力无限的皮萨罗以区区850万欧元“进贡”拜仁；6年后，相似故事又发生在克洛泽身上，转会费也不过区区1500万欧元。而“球形闪电”艾尔顿、当年的德甲最佳中场博罗夫斯基等人，更是在合同到期后免费走人。尽管阿洛夫斯最初总能低价淘到真金，但自身在球市上的弱势导致主力流失，足以令后发者警钟长鸣。

2014—2015赛季不来梅依旧浑浑噩噩，直到斯克里普尼克半道上任才找回一丝昔日风采。而更可悲的是，德甲第一集团中几乎处处可见绿白出品：拜仁有两度从威悉河畔来投的皮萨罗；纳尔多俨然狼堡防线定海神针；勒沃库森最火的一对边翼贝拉拉比和布兰特，均是如假包换的不来梅青训出品，门兴国脚级射手克鲁泽亦曾是球队遗珠……

与其说是不来梅在岁月中无奈蹉跎，倒不如说他是削弱了自身，反哺了对手。

在西甲冠军非富即贵的主旋律下，20世纪最后一年力压巴萨皇马登顶的“超级拉科”，可谓足球世界的一首田园诗。但贫瘠的加利西亚边陲显然不是足球生根发芽的沃土，当年与拉科人角逐的皇马、巴萨、巴伦西亚三强，所在城市规模在西班牙位列前三。而人均GDP在西班牙19个省份中仅排第14的加利西亚，却要同时容纳两支西甲球队，拉科生存环境之凄绝可想而知。

伊鲁埃塔虽然精打细算，却不能阻止球队主将奔向巴黎（保莱塔）、慕尼黑（马凯）、纽卡斯尔（卢克）、马德里（费利佩）。虽然主席伦多伊罗长袖善舞，谈判策略高明，但支撑拉科在欧冠5年辉煌的背后同样是高达1.22亿欧元的巨额投入。同期，伦多伊罗只从转会市场回收了9250万欧元，拉科的债务也在长达8年的军备竞赛中飙升到1.8亿欧元。

超级拉科的黄金10年终在2011年夏天球队以西甲倒数第三降入西乙划上休止符。悲情的是，4年之后，他们又站在相同的名次上。两年前的夏天，最后一位见证了超级拉科时代的宿将贝莱隆宣布退役，留给老球迷和继任者的，依旧是看不见未来的无奈。

世界杯，全球的“春晚”

文/骆明

就在世界杯决赛当天，英超冠军曼城开始了新赛季的热身赛；本周，苏亚雷斯将在巴萨亮相，皇马的重磅转会也会如期而至。对于足球迷来说，世界杯热潮将很快让位于对新赛季的期待。如今职业俱乐部足球高度发达、赛程重度密集，这是否降低了世界杯的魅力?

不妨看看当今世界上最好的两个球员：梅西上半年西甲表现有所懈怠，被认为是“留力打世界杯”，而C罗打完欧冠决赛后，拖着伤腿也要为世界杯而战，即使这可能损害他的职业生涯。在梅西和C罗之前，上一个拿到金球奖的球员是卡卡（2007年）。虽然身上有伤，他仍坚持出战2010年世界杯。状态不佳的他，成为巴西队八强出局的替罪羊之一，职业生涯也大受影响，之后数年伤病迟迟未能康复，只得在皇马接受替补角色，无奈在去年转会米兰，到本届世界杯，他只能作为看客出现在球场上。

时代不断变迁，但世界杯仍然是足球的终极荣誉。梅西说过，他愿意拿他的4个金球奖来换一个世界杯。况且世界杯不仅仅是荣誉，每一个巨星，在世界杯上都寄托了赞助商的殷切期望，如果在全球观众面前表现出色，市场价值自会迅猛上升。哪怕是名气稍逊者，如在世界杯上表现出色，也会在转会市场上热销，如哥伦比亚新星 J罗和哥斯达黎加门神纳瓦斯。

全球化大大助推了职业俱乐部足球。在通讯社的图库中，我们经常可以看到这样的图片：在非洲的贫穷地区，或东南亚的灾区现场，都有无数身穿欧洲俱乐部队服的小孩。不过，世界杯同样从全球化中受益匪浅。2010年世界杯已被称为“社交媒体的世界杯”，本届亦不例外，它很自然地成为社交媒体的头条，所有人都被裹挟进去，或专业探讨，或八卦扒图，或下注怡情。本届世界杯，足球在美国第一次成为“全民运动”，与社交媒体的功劳密不可分，推特一再创造发帖纪录——别人都在说这事，你不说就OUT（落伍）了，于是奥巴马和勒布朗·詹姆斯都会来凑热闹。

世界杯其实已经成为全球的“春晚”。春节联欢晚会的节目水平不见得有多高，每次都激起“吐槽”声一片（正如世界杯比赛不见得比欧冠更精彩）。但至少你看春晚时知道，全国有数亿人民在与你同看，这是一种奇妙的“共鸣感”，尤其有了微博和朋友圈之后，你想置身事外更不大容易。超级碗对美国的意义也是如此。而放眼全球，能让数以十亿的人同看此景的，只剩下世界杯和奥运会开幕式了，任何俱乐部赛事都不可能比肩。

俱乐部赛事对世界杯肯定有影响，与往届世界杯一样，很多国家队在大赛前出现了重要伤员。但影响是相互的，只要踢球就有人受伤。内马尔在世界杯上受伤，何尝没有影响到巴萨？从好处看，俱乐部赛事促进了国家队水平的提升，拉近了世界杯的强弱差距。本届世界杯的最大黑马哥斯达黎加和阿尔及利亚，队中都有一大帮在欧洲职业联赛打拼的球员。

20世纪，国家队主帅常由足协内部体系人员担任。俱乐部赛事和世界杯的商业成功，让各国足协变得更富，能以高薪延揽在俱乐部建功立业的高水平教练，提升了国家队的战术水准。本届世界杯，拿过欧冠的主帅就有博斯克、范加尔、希斯菲尔德、卡佩罗4人，斯科拉里和萨韦利亚也曾捧起过南美解放者杯。2010年11月，弗格森曾讥笑世界杯与欧冠不是同一档次，“看世界杯不如去看牙医。”但看看德国对控球流的全新演绎，看看范加尔的大师级指挥，弗格森的话实不可尽信。

客场进球制岂可取消！

文/骆明

2014年9月4日，趁着国际足联比赛日，欧洲俱乐部豪门的大帅们啸聚欧足联尼翁总部，来了场一年一度的头脑风暴。会后弗格森出人意料地透露，教练们在讨论，“客场进球制”是不是应该取消。

笔者看到这个消息时大吃一惊。两回合比分相同时，客场进球多的球队晋级（也称客场进球双计，实质一样）——这堪称足球史最伟大的发明之一，为何要取消？看完弗格森通篇论述，他只说出了“客场进球制”的一个坏处：让主队更小心，“当我主场作战时，总会告诉自己，别丢球呵。”这符合一般主帅的逻辑，但绝不足以成为取消客场进球制的理由。谁能举出欧战球队主场比客场更保守的例子？原因很简单，哪怕主场丢球会很被动，但在主场球迷助威下，主队多少得有点交待，至少比客场时会积极一些，而以客场进球鼓励客队，正好达成平衡。

教练们反感客场进球，恐怕是因为都有过刻骨铭心的痛楚。记忆中最悲情的一幕是2002—2003赛季，米兰双雄在欧冠半决赛上演德比。首回合双方踢成0:0，次回合轮到国际米兰“主场”，上半场补时阶段舍甫琴科进球后，国际米兰顿失主动权，第84分钟马丁斯扳平后，仍惨遭淘汰。这场比赛后，“客场进球”成为争论的焦点之一。两场比赛不是明明在同一球场进行的吗？国际米兰还因“客场进球”少被淘汰，这多冤！其实这种说法并不严谨，虽然球场相同，但“主队”一方会有更多球迷入场助威，主场优势岂可漠视？

弗格森论述得最多的理由是，当年引入“客场进球制”是鼓励客队进攻，“如果我们回到过往，例如30年前，反击只有一两名球员参与。如今，反击中可有五六名球员如潮涌上，传球迅速，打法积极。”但名帅们似乎忘了，“客场进球制”绝不仅仅是鼓励客队进攻的！它的真正作用是：在两回合总比分持平时，打破场上均势，逼得一方非玩命进攻不可。

欧战中，首回合的闷局屡见不鲜，但只要次回合出现了客场进球，双方必是图穷匕见。经典战例是1999—2000赛季欧冠八强战，皇马主场0:0闷平曼联，到了客场，第21分钟罗伊·基恩不慎乌龙后，场面顿时变得开放，劳尔再入两球，曼联追回两球亦无用。2013—2014赛季欧冠也有相同战局，半决赛马竞对切尔西，双方主帅穆里尼奥和西蒙尼均善防守，首回合是场事先张扬的0:0，次回合开场仍然胶着，切尔西先进球后更求固守，但在马竞扳平后，切尔西“大巴”不得不倾巢出动，马竞再入两球3:1过关。

如果没有客场进球会怎么样？看看2014年世界杯就知道了。连荷兰和阿根廷这样有进攻美名的强队，到了淘汰赛的关键时刻都开始磨洋工，只要场上比分是平局，就不轻易越雷池一步。世界杯好歹四年一次，不看也得看。如果欧冠淘汰赛也充斥着如此比赛，其美誉度必然下降。

假设取消“客场进球制”，可以想见，欧冠必然多出不少点球决战。奇怪的是，每次大赛以点球决战决出胜负，教练们常常痛诉点球大战“太残酷”，如今讨论客场进球制时却忘了这一点。正是因为客场进球，点球决战在欧冠两回合淘汰赛中成了小概率事件，过去两个赛季都没有出现过。

客场进球让平局也能分胜负，好处还有不少，如比赛时间不会拉长，让电视转播商的既定安排少受影响。同时，欧洲豪门几乎每周都是双赛，欧战球队在周中避免了加时赛，也不致影响周末联赛太多。

“客场进球制”在1965—1966赛季欧洲优胜者杯中首次得到应用，至今已有50年。由于它的诸多好处，渐渐在全世界足坛推行。恒大刚刚在亚冠中吃到了它的“苦头”，客场0:1负于西悉尼流浪者后，主场2:1赢球仍被淘汰。连一向赛制自成一派的南美足坛，也吸取了欧洲足球的精华，自2005年起，解放者杯引入“客场进球制”。

在此制度得到全世界肯定的当下，这帮欧洲足坛的名帅居然意图改弦更张，一曰“屁股决定脑袋”，他们打欧战多了，自然被客场进球伤害最多，心神不宁之下，欲除之而后快；二曰“记打不记吃”，他们全忘了自己通过“客场进球制”得到的好处。

卡塔尔，上佳东道主

文/骆明

2014年9月号的《全体育》上，笔者曾撰文“办世界杯，中国须等多久”。文章开头便提到，2022年世界杯难以离开卡塔尔。果然，随后出台的世界杯申办调查报告并没有伤及卡塔尔，2014年11月，国际足联主席布拉特已确认2022年世界杯在卡塔尔举办。

唯一待定的是卡塔尔世界杯的具体日期，2015年3月国际足联将最后敲定。改到2022年1月比较困难，与冬奥会撞车会引发国际足联和国际奥委会的大战；2022年11月和12月比较现实，“打断”欧洲联赛并没那么可怕，笔者曾分析过，欧洲联赛收官顺延至世界杯时段即可，那正是欧洲的好时节。

卡塔尔申办世界杯成功之时质疑声浪极大，第一原因便是高温。改到冬天，这个担心不复存在，当然难免有怀疑：这么小的国家办世界杯这么大规模的赛事，是否靠谱？前不久，借世界手球锦标赛之机，笔者去了一趟卡塔尔，此行颠覆了笔者的认知。结论：

卡塔尔是世界杯东道主的上佳之选!

办好世界杯的前提是钱，这正是卡塔尔人的强项。世界手球锦标赛规模不如足球世界杯，但卡塔尔投入亦不小，三个场馆都修得美轮美奂。以卡塔尔遍布脚手架的气势，国际足联完全不用像南非和巴西世界杯那样为东道主的工程进度担心。和北京奥运会一样，不差钱的东道主意欲向全世界展示美好形象，受益的自然是宾客。北京奥运会，外国记者受到了极高礼遇，多年后仍赞不绝口。从本届手球锦标赛来看，2022年世界杯的到访者一定会满意而归。

从面积上看，仅有1.1万平方公里的卡塔尔自然是小国。但小有小的好处，过去三届大赛，交通都成了大问题。南非的公共交通不够发达，不少球迷持票却无法到达赛场。波兰和乌克兰联合举办欧洲杯则是记者和球迷的噩梦，机票和住宿都是天价。巴西的幅员辽阔和交通状况更不必说，最经典的例子是，有球迷临时买了意大利对英格兰的球票，一查机票，发现飞到马瑙斯需要近万人民币，远远超出门票价格，无奈退票。

卡塔尔面积小，这会为记者和球迷节省巨额的交通费用和大量的时间成本。目前卡塔尔公交系统不算发达，但地铁网络已经动工，且以东道主的豪气，临时增派穿梭巴士又有何难？另一便利是，卡塔尔聘用了大批外国劳工，他们有过硬的服务意识和英语水准，游客不用担心沟通问题。

当然，世界杯不光是足球赛事，数十万球迷熙来攘往，也是文化交流的最佳时机。这方面卡塔尔稍有欠缺，他们不是一个旅游大国，世界文化遗产只有2013年才入选的祖巴拉堡，自然风光则只有沙漠和海，最眩目的则是多哈林立的高楼了。他们的足球文化也比不了德国和巴西，没有马拉卡纳那样的足球朝圣之地。但毕竟到现场的球迷只是极少数。世界杯办得是否成功，归根结底是参赛队能否踢出质量上佳的足球，让电视机前的数十亿球迷看得舒心。

卡塔尔面积小，不仅让球迷和记者少了奔波之苦，球队也受益无穷。巴西国土太大，气候、环境千差万别，基地选择对球队有关键影响。例如西班牙小组被淘汰，库里蒂巴基地气候凉爽、海拔过高被认为是原因之一（前两战赛地萨尔瓦多和里约都是潮热低地）；德国选址科学，则成就了他们的第四星。卡塔尔国土不大，气候统一，且硬件豪华，这能让球队省心不少。

卡塔尔夏天办世界杯有不少负面因素，冬天办世界杯则是球员的福音。笔者1月造访卡塔尔，这是当地的最好季节，温度在10度至20余度之间，白天可以不穿外套，晚上也不用穿毛衣。卡塔尔比欧洲中部时间早2小时，参照德国世界杯在16点、18点、21点开踢，照顾到欧洲人的收视习惯，那么卡塔尔世界杯的比赛时段将是傍晚到深夜。如此凉爽，实在是踢球的好天气。对球迷亦是福音，不仅看球时舒服，露营也方便，毕竟卡塔尔是个高消费国家，部分经济条件不宽裕的球迷住不起宾馆。

前两届世界杯都在南半球的冬天进行。南非天气寒冷，高海拔又影响了足球的运行轨迹，比赛质量不敢恭维；巴西是足球王国，东道主气氛得到了各方好评，但只要早场比赛在离赤道稍近的赛场进行，炎热天气便会影响队员们的发挥，国际足球甚至引入了“饮水暂停”。到了淘汰赛，各队体力消耗过大，只能守为上，导致闷战连连。梅西到了决赛已经油尽灯枯，开场几番冲刺后，就迈不动步子了。

另一个利好是，卡塔尔世界杯安排在赛季中段，参赛球员正处体力的最顶峰。欧洲职业联赛的赛程已密不透风，近几届世界杯前均有大批明星因伤告退，带伤参战的球星亦发挥失准。卡塔尔世界杯则无此忧，如果英格兰队仍然战绩不佳，他们可不能再说“谁叫我们没冬休”了。

虽然对卡塔尔的疑问很多，但2022世界杯完全可能成为最精彩的世界杯之一。七年后，我们共同验证。

布拉特真有那么坏吗?

文/骆明

布拉特2015年5月29日连任国际足联主席本无悬念，但在大选前两天，美国与瑞士联合出手，在苏黎世逮捕数名高官，一时激起全球媒体兴趣。更奇幻的是，布拉特当选五天后，突然在6月2日宣布辞职，这使他上了各种媒体的“头条”。连七旬老母都在问笔者：布拉特为什么要辞职?

布拉特也许是足球界最具争议的角色。一方面，英美媒体持之以恒地揭露国际足联黑幕，欲除布拉特而后快。另一方面，布拉特又牢牢掌控着国际足联，哪怕在大选前“窝案”曝光，他仍然在第一轮得到了133票的支持，竞争者阿里王子只得举白旗。

英美媒体的舆论监督当然有功，但对他们的造势，却也不可全信。以他们的说法，国际足联堪称世界上最黑暗的组织之一；布拉特不除，足球运动将暗无天日。恰好最近看到了西方媒体唱衰中国的一些报道，他们当然不至于瞎编乱造，论据还算靠谱，但如果相信他们推导出的结论，那么我们已经崩溃过无数次了。事实上，中国确实有各种各样的问题，但不可否认，她在变得更好。

布拉特肯定不是道德模范，也非贤明之主。布拉特于1998年当上国际足联主席，笔者当时入行不久，对他的印象就不算太好。他通过贿选击败约翰松，几乎是足球圈里公开的秘密。后来，他的大嘴臭名昭著，一个闻名遐迩的说法是：布拉特每天有100个新主意，其中有101个坏主意。而笔者个人最不满的一点是，国际足联挥舞金钱大棒，“收购”了金球奖，但又不借鉴金球奖权威、公正的一面，导致“国际足联金球奖”挨骂无数。本人忝居“国际足联金球奖评委”之列，真的是心痛啊！

但是，为什么一次又一次，布拉特的政敌没有击败他，反而他的根基越来越深厚？

“没有无缘无故的爱”。布拉特能得到那么多国家，尤其是亚非拉国家的支持，是布拉特让他们得到了好处。布拉特执政，最大的政绩就是1999年启动的“GOAL计划”，将国际足联的发展基金相对平均地分配。弹丸小国能得到与大国相当的资金，这貌似不公平，但考虑到大国更有实力发展足球，故而这个计划对第三世界国家发展足球相当重要。

缅甸就是一个好例子。仅仅过去5年，国际足联就通过“GOAL计划”向缅甸投入110万美元，提供基础设施以及针对不同年龄组的训练计划。缅甸也迅速摆脱“亚洲鱼腩”的地位。2013年8月，中国国青1∶2负于缅甸国青，曾让国内媒体惊诧，但后来缅甸又晋级了U20世界杯，虽然在刚刚结束的决赛圈中三战全败，但能进两球已是不易。

本届U20世界杯还有一个全新面孔：斐济。斐济足协总裁库马尔直言，“没有国际足联的财务帮助，斐济打入U20世界杯只能是空想。我们支持国际足联，支持布拉特。我们对现状非常满意，斐济发展足球的资金，约80%要靠国际足联。”

“GOAL计划”肯定不完美，英美媒体一直盯着“GOAL计划”，认为内藏贪污腐败。但其效果勿庸置疑，这些年，与欧洲俱乐部足球“马太效应”越发不同，各大洲国家队的强弱差距都在缩小，冷门越来越多，很多不知名球队开始建功立业，国际足联和布拉特的功劳不应被抹杀。

前不久，路透社记者特地查了“GOAL计划”的账目，发现他们对印度和中国只分别给了200万美元和180万美元，以此作为“GOAL计划”分配不合理的例证。但作为身在中国的足球从业者，笔者觉得国际足联对中国足球的帮助已经足够大。他们提供的40万美元帮助中国足协搬入夕照寺，这个微不足道；在中国开办一系列培训班，这只是国际足联的义务；最关键的是，他们帮助中国足协修改了一系列不合理的制度，使中国足球多少跟上了这个时代。

国际足联主席大选时，有愤青网友质问：国际足联这么腐败，为什么中国足协要投布拉特一票？至少从中国的角度来看，国际足联并没有那么坏，更别提布拉特与张吉龙一直是铁杆盟友。笔者倒觉得，如果中国不投布拉特，才是真的没道理！

布拉特连任是由各国投票选出，他有亚非拉广大国家的支持，反布拉特的欧洲国家无计可施，甚至觉得这种选举方式不公平，应该让足球大国获得更大的投票权。如此言论，只能让人感叹欧洲人是多么傲慢，为了推翻布拉特，连他们平时口口声声宣扬的“民主”都可以不要了。

布拉特即将退位。人之将去，其言也善。从他的表态来看，他想留下一个更廉洁、更透明的国际足联。相信在这拨反腐浪潮过后，国际足联理应会变得更干净。当然，考虑到足球背后有如此大利益，而各洲执政者素质不均，足球不可能变得完全清明。但只要布拉特奠定的均贫富分配体系不被推翻，足球运动一定会稳步向前。

中国足球

三大球——国家可以下一盘很大的棋

文/骆明

中国男篮新败，很多行内人士把病根指向CBA：为何咱们的联赛培养不出人才了？

这一场景似曾相识，多年前，每当中国足球队或国奥队失败，大家都会呼吁“联赛为本”。可现在没人再相信中超能成为中国足球复兴的动力，反而在反思，为何搞这么多年职业化，却不如死守专业化的朝鲜？

商人的逐利天性，注定了职业俱乐部不会把为国育人作为第一要务。既然买外援见效快，为什么辛辛苦苦培养人？于是，CBA和中超都成了外援的天堂。事实上，在足球转会全球化之后，欧洲很多国家也面临相同困境，英超、意甲、德甲莫不如是。只有西甲例外，在满世界收罗老少球星的同时，各俱乐部还在认真青训，西班牙队方可一举成为欧洲之王。不过这绝对是孤例，近几年在非足球领域，西班牙同样出产了纳达尔、费尔南多·阿隆索、加索尔和孔塔多尔一代，可见西班牙人参与体育的热情。

过去纯专业体制被认为是中国足球万恶之源，可它毕竟还在不断出产人才。甲A之初那般红火，正得益于末代专业化贡献的范志毅、郝海东一代。体育试水职业化之后，三大球因“受欢迎”而完全推向市场。专业青训体制被彻底摒弃，职业化又无法建立起育才机制，这才是三大球苗子匮乏、齐陷困境的根源。

破局的一个办法是：国家出手抓青训，然后交由职业联赛提高。此事非得由国家出面不可，只因足协或篮协没有这个能力，当初职业化，不就是为了“甩包袱”？

说到底，还是一个“钱”字。

青训，绝不是血本无归的买卖。正因为足球和篮球受欢迎，青训效应格外显著。例如，培养出一个姚明，带来了多少收益？他不仅推进了整个篮球市场，带活了当年的CBA，让中国篮球势压足球，更带动了相关产业的发展，例如运动鞋、传媒等，为GDP增长做出了贡献。姚明或许难觅，但如果CBA有10个易建联级人物，中超有10个彭伟国级天才，这项运动的含金量自可为之一变。

光谈钱太伤感情，不妨看看社会效应。如今一提中美交往必谈姚明，不夸张地说，他改变了很多美国人对中国的印象，这恐怕是多少金钱也换不来的。更现实的影响体现于众多的三大球球迷，实在无法想象，如果三大球人才难以为继，天天带来坏消息，这会影响多少国人的心情，进而微妙影响他们的工作与生活？即使不考虑“产出”，让全国青少年更多接触三大球，也可增进其体质、加强其团队精神，总比天天趴网吧玩网游好多了。

国家搞青训，就好比城市修地铁。修地铁基本上是赔本买卖，为何世界大城市都乐此不疲？只因修地铁利于居民出行，对城市品质的提升、对城市的远期好处远非投入可比。如果中国的足球篮球搞上去了，滚动收益自会回报于国家社会。假设中国再参加一次世界杯，想一想中国队、电视厂家和旅行社等各行业的收入吧……

在三大球上，国家可以下一盘很大的棋。

中国足球=中国社会?

文/骆明

2013年中国队和泰国队的比赛，中国队1比5输给泰国队，极大提升了国足的关注度。怒斥、耻笑、谩骂、反思……各种情绪充斥社交媒体。当然，以中国网民的“深邃眼光”，不可能只讨论卡马乔合不合格、队员有没有尽全力。足协成为众矢之的是必然的，还有很多人把病根直指大环境。

这种说法有一定道理。俱乐部追求短期效益，大多只顾买外援不重视青训；足协领导毫不专业……

但把中国足球搞不上去，简单地归咎于大环境，未免太过肤浅。须知，中国固然有很多领域与中国足球一样发展空间还很大，但也有很多领域比中国足球好得多，排名世界前列的行业和企业不胜枚举，虽然他们在成长中难免受到社会问题的困扰。那么，中国足球为什么会成为负面典型?

写这篇稿子的凌晨，笔者正好与著名商业观察家陆新之聊到

"四万亿投资"对中国的影响。笔者提出的观点是：政府当无为而治，不是应该"做什么"，而是应该"不做什么"。陆老师的点评很精彩："政府是最坏的裁判，跟足协一样，怎么做都不对，还是应该先忍耐，整顿国企、打破垄断、改善结构、提升资金的社会效益。中小企业无法掌握核心资源，这样的情形已不合时宜。"这段话说的是中国经济，但完全可以适用于中国足球。

笔者对经济研究不多，为了剖析中国足球的运作模式和缺陷，冒昧把中国企业（或领域）的行事方式分为四类。

第一类是民营为主，野蛮生长。阿里、腾讯、华为都属于这一类。虽然中国的互联网企业都有着浓浓的"山寨味"，但他们的确充分发挥了中国人的聪明才智，有的甚至超过了前辈们。例如腾讯，从OICQ（QQ前身）到QQ进步神速。最开始，用MSN（微软即时通讯软件）才时尚、才"国际化"，但QQ以其丰富的功能最终后来居上，MSN如今只能苟延残喘。又如阿里的淘宝，以其免费店铺在中国迅速击败了EBAY（易贝购物网），也超越美国，成为全球最大网上购物市场。

第二类是国家支持，但遵从国际标准。试以"申遗"为例，世界遗产的标准是相当严格的，想申请世界文化或自然遗产，都得遵照联合国教科文组织的规则。中国也有自己的"全国重点文物保护单位"，但和"世界文化遗产"相比，保护的力度和方法有明显差距，如同中国足球与世界的差距。虽然中国申遗并非一帆风顺，但入选的世遗都称得上高水准，其导览和保护的方式也给中国文保做出了表率。

第三类是国家支持，且找到了合适的管理者。高铁是这方面的好例子。中国高铁在十年前还是一穷二白，只能艳羡日本的新干线，当时两国铁路的差距不亚于中国足球与日本足球。但依托于中国庞大的市场，铁道部门整合了法国、德国、日本和加拿大的高铁技术，让中国的高铁里程迅速领先于世界。虽然高铁争议很多（例如巨额债务、施工质量、贪污等），但它确实大大改变了中国，其作用好比一个城市的地铁。

第四类是国家支持，但没有找到合适的管理者，成为一个纯官僚机构（公司），而这样的机构（公司），必然是集中国社会丑恶面之大成。不幸的是，中国足球正是如此。我相信，谢亚龙、韦迪等人主政中国足球之时，都怀有报国之志。但他们真的不懂足球啊！尤其是韦迪，给我的印象是相当好学，可足球博大精深，岂是那么容易学的？从韦迪近期接受《体坛周报》的访谈来看，他对足球终于摸出点眉目，可这时他又换岗到汽摩中心了。

期待“明君”容易被视为幼稚，可在现有体制下，最靠谱的希望，确实是中国足协来一个合适的管理者。我常对同事们说，当足协主席，要么得懂足球，要么得懂经营。悲哀的是，我们这些年的足协管理者，却是两者都不懂！中国篮球比足球幸运的是，他们还遇到过一个李元伟。中国足协如果也碰中了一个“李元伟”，有望从前述“第四类”升为“第三类”。

当然，“明君”终归是不长久的，如同中国篮协在李元伟离开后又故态复萌。其实，中国足球本来有望按“第二类”线路发展，如果国际足联当初在吸纳中国足协时，坚决要求足协按照国际足联的要求来运作，中国足球将完全不同。国际足联要求“政府不得干涉足协内部事务”，足协主席须由选举产生。若真能做到这一步，哪怕选举过程不那么民主、透明，我想当选者也有很大的几率“或懂足球、或懂经营”，如同我们的世遗，虽然选哪些有争议，但中选的都过得去。

可惜，中国足球似乎是国际足联中的“另类”，中国足协管理者，仍然一直是“任命”产生。国际足联会以停赛来威胁不按规程办事的各国足协，却始终对中国网开一面，这其实是害了中国足球。而我们的政府真想把足球搞上去，最好与国际接轨，从“选举足协主席开始”。当然，上上之选是把中国足协变成民间机构，在这么多媒体和球迷的监督下，中国足球完全有望升为“第一类”。

中国足球不行非因足球人口少

文/骆明

虽然中国队早在两年半前就宣告与巴西无缘，但在世界杯激战正酣之时，不少国人还是会顺便“吐槽”一下。一个流行的说法是，中国足球不行，是因为足球人口太少。对于这种说法，我想反问一句：中国篮球人口这么多，随处可见打篮球的人，为什么这些年篮球与足球一样在退步？为什么新一代中没有了姚明甚至易建联，连中华台北都输?

国家队水平不完全由足球人口决定。波黑只有383万人口，他们的足球人口能有多少，但他们打进了世界杯。冰岛人口一共才30来万，他们的足球人口只可能是一个极低的数字，照样打进了欧洲区附加赛。有个国家的情况更极端——乌拉圭，他们的人口只有330万，比波黑少，甚至少于北京的朝阳区，但他们拿到了两个世界杯和15个美洲杯，夺得美洲杯的次数在巴西和阿根廷之上。

与绝对的足球人口数相比，“环境”对一国足球水平的决定性更大。在高水平足球环境中，即使踢球者的绝对数量较少，仍然可能高产球星。乌拉圭就是一例，从弗朗西斯科利、福兰到苏亚雷斯、卡瓦尼，高水平球星从未断档。前南斯拉夫地区是另一个例子，这个地带的人，玩各种球类都有天分，塞尔维亚、克罗地亚和斯洛文尼亚独立后都造访过世界杯，这届又轮到波黑了。

老说足球也许有点烦了。不妨拿乒乓球作为例子，乒乓球是中国“国球”，水平拉下世界一大截。这是不是因为中国打乒乓球的人太多？但现实是，由于娱乐多元化，与过去相比，中国打乒乓球的人越来越少，在竞技中的优势却达到历史高位。盖因中国摸索出了一套打造乒乓球高手的机制，哪怕只有一省开展乒乓球运动，照样领先世界。而日本和欧洲的乒乓球普及程度虽不错，但在低水平竞争中很难产生超级高手。

说起发展足球运动，本原当然是要增加足球人口，让更多人踢上足球，毕竟足球是一个可以锻炼身体并培养团队意识的好运动。但“只有普及足球运动，足球水平才能提高”的说法并不准确。一是以中国现在寸土寸金的现实，不可能提供那么多廉价的足球场；二是如果只求普及，而没有高水平青训教练参与，足球水平依然无法得到质的提升。

环境决定足球水平，这里的“环境”分先天和后天两种。南美和南欧国家都是较早开展足球运动的国家，且先天重视技术，球星层出不穷。而中国作为足球后进国家，只能打造后天的环境了。

很多人常抱怨中国足球人口少，但全国各地星火燎原，加进来的绝对数字也不会太少。再怎么说，比巴林、阿曼、约旦这些弹丸之国踢球的总多一些吧？关键是，中国现在有志尝试职业足球的孩子们，是否得到了良好的训练？

“举国体制”在中国民众中可谓人人喊打，但球迷们都会承认，专业足球和篮球时代培养了比今天更多的杰出人才（如姚明，如郝海东和范志毅），毕竟体校还是有专业教练把关——虽然这绝不是最好的环境。而现在呢？就这个问题，笔者与同事马德兴有过交流，这位中国足球第一记说，现在有的俱乐部，就是由俱乐部领导的亲友负责青训，一窍不通，甚至有没踢过球的所谓“体育院校毕业生”去教足球。以这种育才方法，毁掉梅西C罗又有何难？

2007年笔者去米兰参加中意足球论坛，在台上发言说了半天“意甲在中国”后，主持人冷不丁问笔者，如果意大利想帮中国提高足球水平，你有什么建议？笔者匆忙间给出的答案是“派100个青训教练来”。这些年来，笔者越发觉得自己当初的判断是正确的。

当然，中国足球已经开始努力了。鲁能足校成立之初即延请可可维奇做总教练，这位塞尔维亚人为鲁能一手打造了全国最好的青少年培训体系，培养名将无数。恒大足校也请了一帮西班牙教练来带小孩，虽尚未见成效，但他们的理念已经影响了青训同行和小孩。而这两年，中国开始往西班牙和葡萄牙这两大青训圣地系统输送大批苗子，留洋生的成长速度明显快于在国内时，这再次证明了“环境”的重要性。

中国足球不要空谈“增加足球人口”了，先给现在的足球小将们一个好环境吧！

从“土豪”到豪门有多远?

文/骆明

“土豪”是时下热词，广州恒大以金元优势攻下亚冠，足球迷欣喜若狂，非足球迷则艳羡恒大过亿的高额赏金，恒大被冠以“土豪”再自然不过。那么，恒大究竟是不是“土豪”？他们离真正的“豪门”有多远?

恒大成功确实靠钱，但他们管理有方，花钱到位，也许一些做法带点“土气”，那只是细节问题。从《现代汉语词典》或网络百科的精准定义来纠结恒大是不是“土豪”，那得开一场专题辩论会。不妨把视野放得更广些，曼城、巴黎圣日耳曼、摩纳哥不也被中国球迷视为“土豪”吗？只因他们可以不计盈亏地超常消费，从这个角度，恒大确实是“土豪”。

很多人会以皇马举例，他们也是大把花钱，为何不是“土豪”？皇马烧钱够狠，但钱都来自俱乐部，即使皇马是世界上收入最高的俱乐部，花钱和负债也有度，今夏为筹到1亿欧元买贝尔，急忙卖掉厄齐尔和伊瓜因回收9000万。而欧洲的新“土豪”和恒大一样，后台老板“不差钱”，只要成功，投入和赤字全不在乎，这是量入为出的皇马、拜仁和曼联办不到的。

恒大要摆脱“土豪”形象，强化造血功能必不可少。如果商业开发成熟、足校青训成功，即使许家印的投入与中超其他俱乐部在同一水平线，恒大仍然维持超高水准，自然没人再说“土豪”了。当然，这是长久之计，非数年可功成，更便捷的办法是：继续赢，争取更多球迷。

并非所有畸形消费的俱乐部都是“土豪”。莫拉蒂刚入主国际米兰那些年，以世界纪录转会费买入罗纳尔多、维耶里，给了雷科巴世界第一薪，但人们只会说他奢侈，不会说他“土”，因为国际米兰早已是豪门，通过“大国际时代”，在球迷和媒体中扎下了雄厚根基。“土豪”和“豪门”的另一大区别便是话语权。豪门球迷众多，无论在网络还是现实的论战中，更多的人会站在他们一边。

当恒大2010年底冲超成功，开始四处挖墙脚时，中国足坛既惊且惧，恶评亦不少，指摘恒大“搞坏市场”。当时笔者在《体坛周报》上写了一篇“敌视是有时效的”，该文结尾是：“对于低谷中的中国足球，恒大疯狂烧钱，正类似切尔西和曼城对英超的输血。若恒大的事业不半途而废，5年或10年之后，我们必会对恒大给出正面评价。”仅仅3年后，恒大即登上亚洲之巅，中国足球界对恒大的看法已完全改观，无数中国球迷为恒大夺冠而欢庆。不知不觉，恒大的话语权在扩张。

夺得亚冠后，恒大有可能缩减投入，但孔卡和里皮的超高薪本来就是恒大在崛起期的非正常消费，有“千金马骨”之效。如今霸业已成，买穆里奇式的经济适用外援，再辅以全华国脚，恒大在中超夺冠并非难事，在亚冠也足以继续成为中国足球的旗帜。恒大的球迷群体必将继续扩大。去天河体育场看场恒大的球，也许会成为外地人去广州的一大游乐项目。

恒大的幸运之处在于，从没有中国球队夺得过亚冠冠军。辽宁夺得亚俱杯也过了23年，这极利于恒大在全国范围争取球迷。切尔西的“土豪进化之路”比恒大艰苦很多，欧冠之梦屡次受挫于半决赛和决赛，直到阿布入主9年后，才在2012年圆梦，这时切尔西终于有了豪门气象，在中国都有了“球迷会”。曼城更惨，在国内受到曼联、阿森纳、利物浦、切尔西的夹击，而亚洲这样的新兴市场也基本被英超豪门瓜分完毕，纵然他们拿到英超冠军，“粉丝”数也相对增长缓慢，“土豪”形象一时半会改不了。

如果不是中国足球的特殊情况，恒大本不该被视作土豪。它的前身广州太阳神在甲A初创期即以华丽足球征服了很多球迷。但在恒大登顶日，谁还记得他们辉煌的过去？1993年1月8日，广州太阳神集团与广州体委签约，成为中国首家股份制职业足球俱乐部，到今年“不过”20年，共换了6个东家。从太阳神、吉利、香雪、日之泉、医药，直到恒大，每个新东家都把名字冠在“广州”后，最终结果是，“广州恒大”被视为新军。

恒大重振广州足球，与AC米兰的复兴颇有相似之处。AC米兰原本在意大利是第三，仅次于联赛冠军最多的尤文图斯和有过辉煌20世纪60年代的国际米兰，这和广州足球在中国的历史地位相当。20世纪80年代，AC米兰因假球事件降入乙级（与广州医药队因扫黑降级暗合），1986年贝卢斯科尼出手拯救AC米兰，巨资打造豪华军团，以荷兰三剑客为代表（恒大则是巴甲三剑客），终于1989年登顶欧洲（与恒大一样，三年成功）。

贝卢斯科尼和许家印一样，通过在球场上烧钱，实现球场外的诉求。但AC米兰当年没有受到切尔西式的敌视，因为他们名字从未改变，血统常在。广州恒大本来完成了AC米兰式的豪门复活故事，却只能被视作曼城式的“土豪”，这就是中国俱乐部名字常换的恶果。在广州恒大之前，大连万达1998年就进过亚冠决赛，点球决战憾负韩国浦项制铁，这么辉煌的历史，有谁来继承？他们的后来者大连实德已经从中国联赛中消失了。中国企业冠名俱乐部，实现了效益最大化（如恒大的广告效应），但中国俱乐部完全依附于企业，一不利于历史和球迷的传承，二在企业撤资后就前途难测。

韩国K联赛以前也全是企业冠名，但现在越来越多的球队名字去企业化，如恒大对手FC首尔。许老板若真有气魄，不妨把“广州恒大”易名“FC广州（广州足球俱乐部）”，甚至可以吸引其他广州老板注资，减轻恒大压力。这样无论这支球队未来如何沉浮，出资方是否恒大，他们在中国和亚洲打下的球迷基础都会留存，这才是豪门的千秋基业。

隔行如隔山

文/骆明

前几天参加一个微博活动，盘点年度微博热点时，闹得沸沸扬扬的“转基因之争”自然被重点提起。大屏幕上打出方舟子和崔永元的支持率，方舟子的支持率只有2%，崔永元则超过97%。在专题讨论中，《凤凰周刊》执行主编黄章晋的一席话很有意思：从科学的角度，他站在方舟子一边，但他也知道，随着争论的深入，崔的支持率会越来越高，如同美国让相信进化论的科学家与相信神创论的律师辩论，每次论争后，反而是神创论的支持率更高了。

在转基因一事上，笔者偏于方舟子一方，但笔者不得不说，他是自己的“高级黑”。方舟子说话的方式过于咄咄逼人，哪怕有理，也会激起不少人的反感。而且被他“打”过的名人太多，自然开罪了名人的众多粉丝，故而很多人是自动站队，“凡是方舟子赞成的，必要反对。”如果持续关注崔永元的微博就知道，他欠缺科学素养，辩论逻辑也值得商榷，但过往给人留下的印象不错，自然更易受大众支持。

其实在这件事上，笔者也是外行，只能相信中国权威科学家的说法。在看了很多科学家的说法后，笔者对转基因的恐惧基本消除，也相信中国对转基因的控制是严格的。只希望科学家们加强科普，别让方舟子和崔永元成为争论的主角。

由转基因之争，想到了发端于2009年的曹操墓真假之谜。河南方面刚宣布发现曹操墓时，质疑声铺天盖地，笔者也信以为真。直到看了一本杂志的深度调查，发现考古界人士均倾向于认可曹操墓，笔者才发现“民意不一定可信”。2011年，曾声称掌握曹操墓十多项“造假”铁证而暴红网络的“闫沛东”竟然被发现是一名网上逃犯。2013年，“安阳高陵”入选第七批全国重点文物保护单位，算是国家文物局对曹操墓的正式确认。

在足球界，同样存在外行裹挟民意的现象，这在中国1比5负于泰国之后最为明显，各路公知都在“消费”足球。经济学家郎咸平便在一卫视节目中指点江山，说“举国体制、俱乐部不赚钱、足球腐败、后备人才不足”都非中国足球不振的原因。看完这期节目，笔者很震惊竟然会有那么多论据和逻辑错误，继而在《体坛周报》上撰文“批评中国足球时，别像中国足球一样不职业”。

好在足球毕竟不如转基因那么高深，争议那么多，而且中国球迷免费看了这么多年最高水平国际足球，不容易被伪专家误导。恒大出征世俱杯，胸前绣上国旗，北京大学法学院教授贺卫方大声疾呼“请勿绑架国家”，他在微博上说：“国家队是国家队，俱乐部是俱乐部。俱乐部参加洲际比赛，队服上出现国家标志，给人一种戏不够曲来凑之感。我们无需这种虚荣!”但很快，网友们便贴出各国俱乐部胸前绣国旗的例子，让贺卫方的论调显得如此可笑。

这个争议的另一个潜台词是，很多人认为，“恒大并不能代表中国足球。”在他们眼里，中国足球等于中国国家队。其实，任何一国足球，都分为俱乐部足球和国家队足球两方面。恒大代表的是前者，代表了中超（中超不是冠以中国的名字吗）。正如2010年国际米兰首发阵容没有一个意大利人，但他们拿到欧冠，也是意大利足球的光荣，那场球还让意甲的欧冠四席多保持了一年。

贺卫方以耸人听闻的言辞批评了“绣国旗”，被指出后拒不认错。我看了他此后接受采访，继续“坐井观天”，“很多球迷那种肮脏的加油的语言，现在变成全国范围内的。另外，中国球迷也是最容易倒戈的球迷。”我不知道“中国球迷最易倒戈”的说法从何而来，至少卡西利亚斯看了国安球赛后惊叹“他们竟然如此支持自己的球队”，因为伯纳乌球迷倒戈实在太勤快，稍不满意就嘘声震天。即使是中国男足，纵然屡战屡败，可他们比赛时，痴心球迷还不是继续守候？至于球迷骂脏话，这当然不值得提倡，但实在不是中国的特殊现象。而且中国球场上只有“纯粹的脏话”，虽然听着不顺耳，但比国外的种族歧视或地域歧视好太多。

2013年，中国足球屡成社会热点。从6月的1∶5负泰国，到卡马乔奇怪的解约，再到恒大称雄亚冠，出征世俱杯，均成为微博“热门话题”，大V们纷纷亮剑。但正是他们对足球的不懂装懂，让我明白，“公共知识分子”是如何的不靠谱。隔行如隔山，在这个专业化时代，各领域通吃几无可能，达芬奇毕竟只有一个。

假不可怕，怕不打假

文/骆明

世界杯来临之时，有国内大V再度提到“假球”，而在世界杯期间，参与下注或赌球的中国球迷不在少数，“假球说”肯定会此起彼伏。

这些年，欧亚非拉发生的“假球”新闻不胜枚举，你也许不禁发问：足球还是干净的么？这项“美丽的运动”还值得信任吗？这也是周围朋友经常向我提出的问题。我的回答很简单：没有假球才奇怪，有这么多假球事件很正常！

纵观人类史，有利益的地方必有黑幕，利益越大黑幕越深。你购物，可能买到假冒伪劣产品；你吃东西，不小心就中毒了；你炒股，可能为大庄做贡献……请参阅任一报纸或网站的社会新闻版。

而足球，正是一项超级大买卖。这是世界第一运动，也是第一挣钱的运动。仅仅一个英超，其年收入已经相当于集中了篮球精英的NBA，仅仅一场巴萨对曼联的欧冠决赛，其商业价值便被估为3.69亿欧元，更别提世界上最大的赛事——世界杯了。而足球博彩业的经济规模，完全不逊于足球本身，据国际足联的数字，每年非法赌球的金额达到900亿美元，与合法下注的金额相当！这么多金钱来来往往，有诸多不法之徒打主意实属必然。如果有谁觉得足球净如白水，那他真的太过纯洁了。

话说回来，因为足球界有利益纠葛、有假球存在，就心神不宁、怀疑一切比赛有诈，也是另一种走火入魔，白白丧失了观球的乐趣。不信您翻翻前赌球时代的经典比赛，照样有惊天逆转、照样有超级大胜。总之，如果您戴着有色眼镜，一切球都可能是假的。事实上，这些年揭露的假球，大多集中在低级别低水平赛事，高水平球赛曝光的假球仍然极少，毕竟球员收入很高时，没必要以身犯险。

还是用我们身边的例子作类比。虽然某网站号称假货集中营，但至少笔者个人的购物经历基本愉快；虽然食物有假，但毕竟只是部分，否则我们无法苟活于世上；虽然股市有假，但还是有很多优质公司值得长期追捧……若因足球有假就放弃对足球的喜爱，就好比因为这个世界充斥假恶丑而选择轻生。

其实，假球不可怕，真正可怕的是为了“维护足球纯洁形象”而姑息养奸。当渝沈之战、甲B五鼠、黑哨案在世纪之交搅动足坛时，足协没有痛下杀手，大事化小，小事化了。尤其是甲B五鼠案，与世界杯出线完全同步，足协不想搅了大喜气氛，如此丑剧被从轻发落。事实上，借出线大好形势，足协声誉尚隆，正该一鼓作气，肃清足坛才是。错过大好时机，终致甲A中超在前些年成为赌球者的乐园，嗟乎！

行事懦弱的不只有中国足协，意大利足协绝对有一拼。最近出来的“投注门”，是“电话门”后意大利足球又一丑闻。不过，虽然“电话门”和“投注门”都是意图操纵比赛，但区别不小。“电话门”是莫吉等俱乐部高层试图通过影响裁判，求得更好的结果，这是权力游戏；“投注门”则是赌徒通过下注比赛盈利，胜平负都OK，这是金钱把戏。

事实上，“投注门”已是21世纪意大利足坛的第三次赌球丑闻。有兴趣的人，不如上网搜搜笔者2005年发于《体坛周报》的一篇老文“抓赌学德国 别学意大利”。早在2000年8月的一场意大利杯中，包括前国脚多尼在内的8名双方球员操纵了比赛并下注，事发后有迹象表明，其他队球员也有瓜葛，但足协息事宁人，只给予这8人短期停赛的处罚。2004年5月11日，那不勒斯反黑手党警察搜查了12家俱乐部。次日，意足协就成立了独立调查组，但直到8月新赛季快开始时，才把相关人员告上纪律法庭，且停赛期短、罚款也少。当时笔者在文中感叹：“若日后有比那不勒斯警察更强力的司法介入，意大利足球会不会被更大的赌球丑闻殃及？”很不幸，笔者的担忧在6年后变成了现实。

幸运的是，中国足球在重拳扫黑后，终于进入了良性循环，虽然仍不乏争议，但假球、黑哨这两个昔日常用词已极少出现。念及此，写上述文字时心情沉重的笔者有了一丝欣慰，但愿您也一样。

库卡的“世界第九”怎么来的?

文/骆明

自从库卡执教山东鲁能后，一直有种说法称他是“2013年世界第九教练”，但他在鲁能并没有体现出“世界第九”的水准。那么，他的“世界第九”是怎么来的?

这个“世界第九”来自2013年底的“足球教练世界排名（Coach World Ranking）”，这个排名听起来名头很响，其实毫无参考价值。它的发布者是2010年成立于荷兰的“足球教练数据研究所”，分俱乐部和国家队两榜，每周更新一次榜单，把教练上周的成绩输入。

显然，教练赢得的胜利越多，赢得的高水平赛事越多，积分就更多。看看目前排名靠前的“俱乐部教练”，第一位安切洛蒂和第二位西蒙尼正好是会师欧冠决赛的教练；第三位瓜迪奥拉率拜仁进入欧冠四强；第四位马蒂诺率巴萨杀入欧冠8强；第五位热苏斯则带领本菲卡杀入欧联杯决赛，且在葡萄牙拿到国内赛事三冠王，故而排名如此高。

库卡

看看前五名就知道这个榜单的问题所在，即教练排名基本由赢下比赛的多少决定。这样也能攒出一个榜单，未免太简单、太机械。有趣的是，该研究所同时也发布“俱乐部世界排名”，前五名依次是皇马、拜仁、马竞、巴萨、本菲卡，与“教练排行榜”几乎一样。

一个教练的水平与功绩，显然不完全取决于他赢了多少场比赛，还要看他的球队实力如何。西蒙尼率马竞拿到西甲冠军，又进了欧冠决赛，比安切洛蒂的成就更不易，为什么在欧冠决赛之前，他的排名比安切洛蒂低？原因只可能是：马竞国王杯半决赛输给了皇马，少打了一场国王杯决赛，于是积分不如安切洛蒂了（这也能解释为什么温格和阿森纳能高居两榜第6，因为拿了足总杯）。马蒂诺在巴萨一败涂地，居然高居第四，可见此榜之滑稽。

库卡排名高于里皮，是因为他在米涅罗竞技拿到了2013年南美解放者杯。对于统计者，解放者杯当然比亚冠重要。正是此杯，让库卡去年底排到了第9，这也是所谓“世界第9教练”的由来。更可笑的是，还有领导和媒体信以为真，诸如“我们不是请了世界第九的教练吗”“鲁能请世界第九教练为什么也没用”。

除了机械累积球队胜利，该榜单的另一误区，是把不同洲的教练和俱乐部强行捏合在一起比较。欧冠、亚冠、解放者杯，这些赛事水平不同，教练和俱乐部都没有直接对垒，如何比得出高下？其实，很多类似机构都犯了这样的错误。例如更有影响力的IFFHS（国际足球历史与统计协会），他们发布的“世界最佳射手王”榜单，在2014年排名第一的是C罗（10个国际赛事进球，包括2个国家队、8个俱乐部），排名第二的是居然是香港杰志队的西班牙人贝伦科索，只因他在亚足联杯中进了8个球！

那么，教练怎么排名才好？这和最佳球员的评选一样，不能只看你赢得多少胜利、进了多少球。射手榜可以每周更新，“最佳球员榜”却无法每周更新，即使真以数字说话，也应该在同一赛事、同一位置进行对比。更何况教练还不如球员那样，有丰富的射门、过人、抢断等各数据。目前那些以数据作为参照的最佳球员榜，没有一个获得大众认可，诸如金球奖、欧洲足球先生、英格兰足球先生，都是由评委投票产生。而无论是国际足联还是IFFHS的2013年世界最佳教练评选，库卡压根没进候选名单，世界第九更无从谈起。

网络时代好事者众，随便建个网站便能发布榜单，中国媒体引用这些数据时最好留个心眼，不要被各种野鸡机构蒙骗。即使是与国际足联交从甚密、半官方性质的IFFHS，《体坛周报》引用其数据时也非常慎重。诸如“世界俱乐部排名”之类的无厘头榜单，基本不会刊登，相反，《体坛周报》会频繁引用欧足联官方的“欧洲联赛排名”“欧洲俱乐部排名”，一来有统一参照系（欧冠和欧联杯），二来有严格标准。

国人满嘴“假球”亵渎世界杯

文/骆明

最开始做国际足球那几年，我一直觉得意大利人是阴谋论之王。每次意大利国家队或俱乐部不好，他们就会发明无数阴谋论，诸如“朝中无人”之类，似乎全欧洲全世界都在与他们作对。但这些年我发现，与中国人相比，意大利人只是小儿科。还是以国际足球为例子，你看看中国的论坛，讨论欧足联的“阴谋”“干爹”，比欧洲人还起劲得多——累不累啊?

在世界杯进行期间，阴谋论之风更盛。全民皆押注、一输就抱怨“假球”，你会觉得好笑——难道中国人对足球的理解，在全世界排名第一?你看看外国论坛，哪有那么多假球论?

如同笔者在前文中所说，足球作为一个高利益运动，不可能没有假球，但也不至于全是假球。这些年，国际足球管理机构将假球视为洪水猛兽，重拳打假，查出了很多假球。但假球多发于低级别职业联赛或友谊赛，高等级职业联赛的假球极少，国际大赛更是鲜见。如果大赛中的假球真像一部分中国球迷说的那么多，怎可能极少露馅?

现在想操作假球越来越难。各足联与国际刑警组织和博彩公司合作，形成了一套完整的预警机制，对博彩圈进行监测。一旦有下注量异常，便会发出警告，如世界杯之前的热身赛尼日利亚对苏格兰。国人对此机制不了解，一看到类似新闻，便想当然地盖棺定论这些比赛是“假球”，并在微博、微信号和朋友圈中传播。很多平时不看球、不懂球的伪专家掺和进来，更使得假球说甚嚣尘上。

足球本来就不是强队天然赢弱队的运动。还是小注怡情，享受足球，享受世界杯吧！别让阴谋论占据你的大脑，侵蚀本应从足球中获得的欢乐。

运动吧，即使它伤了你的身

文/骆明

与2014年10月11日的南美超级德比相比，8天后的北京马拉松运气实在太差。巴西队对阿根廷队开赛前不久，一阵北风袭来，吹散了北京上空的雾霾，梅西和内马尔总算能在优质空气中一较高下（虽然两人的脚风此战都极其不顺）。而北京马拉松直到结束之后，重污染空气才有了一丝好转的迹象——不知“人肉吸尘器”贡献几何?

当天雾霾成为社交媒体的最热话题，但笔者并未怎么参与讨论，一来笔者对这个城市的雾霾习以为常，无力再“吐槽”；二来笔者本非马拉松的爱好者。不过，当晚在朋友圈中看到的一篇文章让笔者盛怒不已，标题是“你是那个跑了北马的……”。笔者当即与转发者展开讨论，“假设本文作者抽烟，然后我们问他‘你就是那个抽烟的……’，我想他也不会开心。”

此文作者也许出于好意，还找人计算了雾霾中跑步的具体危害

（虽然那个计算未免太糙）。但是，跑步者难道不知道害处吗？很多人为了准备这次马拉松费钱费力，不跑对不起自己，跑完半程或全程，也算是人生中一次特别的体验，日后可资回味。更何况，他们此举损害的只是自己的身体，没有碍着他人，而吸烟还损害别人身体呢！

我们常把运动称为“锻炼身体”，但如同生活中的所有事物一样，百分百完美是不可能的。“锻炼”的另一层含义是“摧残”，常年参加运动，难免留下些恶果。如同笔者本人是个足球爱好者，踢了20多年球，受伤无数。最不智的是，笔者时常带伤踢球，久而久之，一些小伤积累成了老伤，一踢球就发作。

这些年，随着年岁见长，笔者更懂得保养自己，尤其是极少带伤踢球，故而身上伤病反而少于年轻时。当然，有些伤害是不可逆的，例如膝盖韧带伤势。去年徒步登泰山，上山时累，但不觉痛苦，下山时却受罪了，每下一级台阶都是对膝盖的冲击，到了半山腰，已无法一步一阶，只能侧身而下，两步降一阶，到达山脚时，感觉膝盖都要断了。

既然踢球有此“贻害”，那么，笔者后悔吗？如同雾霾中跑了马拉松的人一样，笔者没有一丝后悔。虽然留下一些老伤，但坚持踢球，让笔者工作多年身体状况仍保持优异，同时还改善了心态。周末踢一场球，接下来好几天都心情愉悦，对工作质量的提升不可估量。

更重要的是，作为一个体育报道从业者，亲身参与体育运动后，更能领会体育的真谛。犹记2012年奥运会对刘翔摔倒的争议，当时他为千夫所指，让笔者无比惊诧。关于信息披露是否足够，这其实无法怪罪刘翔，他不是决策者。2008年他没有带伤跑以及2012年带伤跑到跟腱撕裂，都是相当职业的行为。尤其是后者，对于一个运动员来说是莫大的牺牲。笔者曾带伤参赛，深知其中苦楚，2002年膝伤初愈便代表公司出赛，热身时就觉伤未全好，踢了十分钟已是膝盖剧痛。但对手颇强，队友一句“这个位置需要你守住”，让我多坚持了好一阵，等到被换下，胫腓骨间就像直接互磨、没有任何缓冲，那种钻心的痛永难忘却。笔者可以理解，刘翔在伦敦腾空跨第一栏时跟腱撕裂的那一刹得有多痛！居然还有人说他是装的，这真是站着说话不腰疼。

这些年随着跑步升温，笔者也成了一位“跑者”，只是我仍会担心它的危害。我一般在家门口的城墙下跑，环境不错，但毕竟是水泥地，纵然装着专业跑鞋，难免对膝盖和脚踝不利，故而笔者每次只敢跑3公里，且老伤一发作便步行一阵。平时踢球的天坛体育场有塑胶跑道，但为了跑步专门去一趟，似乎有些不值。

另一个困扰笔者的因素是“雾霾”，每当有跑意后会看一眼窗外，只有看到蓝天才动身。笔者从2012年下半年开始跑步，但2013年上半年突遭“霾伏”。据官方数据，2013年1月，北京雾霾天最多，仅4天空气优良，而自1月1日至4月10日的这100天，雾霾天达46天！其结果是在2013年上半年，笔者仅仅跑了一次。踢球次数略多一些，因为踢球是集体运动，凑在一起不容易，更值得为此“吸尘”。笔者给自己定下的规矩是：空气质量指数在100下可跑步（达到100即为轻度污染），200以下可踢球（达到200即为重度污染）。

就在巴阿大战的前一天，笔者看到十来位同事在重度污染下仍踢了球。笔者完全可以理解，就像马拉松爱好者一样，他们不踢球会不舒服。锻炼带来的特有愉悦，是其他娱乐难以替代的。运动吧，即使它偶尔伤了你的身。

收入少青训无，老板一垮自然完蛋

文/骆明

2015年1月，中国足坛接连传出中超重庆力帆、中甲沈阳中泽经营困难欲求转让的消息，而面临相同处境的俱乐部还为数不少。职业联赛红火了几年的中国足球，是否又到了一个危机的关口?

其实，这是足球界的正常现象。既然每天世界上都有很多家企业倒闭破产，那么“以烧钱为己任”的职业俱乐部，出现部分掉队者也无须大惊小怪。更何况当下中国经济并不景气，很多职业俱乐部的后台公司难免出现困难。职业足球就是这么残酷，东家没钱就请便，先看有没有买家接盘，如果找不到接盘的，只好关门大吉，职业联赛资格让给低级别球队。假设重庆力帆找不到买家而退出后，中国足协甚至找不到合规的替代者，那才是真正的悲哀，但这一幕显然不会发生。

哪怕是职业足球发达的欧洲顶尖联赛，也不乏中小球队揭不开锅的例子。西甲堪称典型，赫塔费迫不及待地把主帅孔特拉出让给广州富力，就是因为他们遭遇经济危机，球员又卖不出价，富力打他们主帅的主意，他们求之不得。传统强队拉科鲁尼亚，已沦落为“甲乙级升降机”，总负债超过2亿欧元，进入破产保护程序已近2年。两个月前本报还报道过另一名队萨拉曼卡破产后，当地球迷另起炉灶，重新建立一家俱乐部的故事。至于升班马埃瓦尔向全球筹资、吸引不少中国股东，都算不得负面案例，毕竟他们经营健康无负债，筹集的只是参加联赛的保证金。

成熟的欧洲俱乐部都惨案频发，更何况脆弱得多的中国俱乐部。欧洲俱乐部的收入主要分三项：比赛日收入、电视转播费、商业收入（如赞助等）。但即使有这些丰厚收入，很多牌子响亮的豪门都难以维系。例如为很多中国球迷热爱的米兰双雄，虽一再减薪，每年仍有巨额亏空，贝卢斯科尼早已意兴阑珊，莫拉蒂则索性把国际米兰甩卖给了印尼人托希尔。

在中国俱乐部遭遇经营难关时，有人怪罪恒大等队搅乱市场，建议不妨借用欧足联的财政公平政策，挤出中国足球市场上的泡沫，这只能是笑谈。“财政公平政策”的核心是，俱乐部量入为出，挣多少钱就花多少钱。以这个标准，中国俱乐部基本都要歇菜。因为中国俱乐部收入太过寒酸，电视转播费可忽略不计，商业收入纯靠赞助，门票收入也普遍有限，只能全靠后台老板供养，“奶爸”经济状况稍有不妙，便完全支撑不下去，毕竟鲁能这样财大气粗、旱涝保收的东家并不多。

中国俱乐部不光在商业上缺乏造血功能，人才上同样缺乏。力帆等的目标本来就不是中超冠军，降级也没什么丢人的。哪怕遭遇经济危机，大不了开源节流，把高薪球员转卖或解约，用青年队顶上，这两年的浙江绿城都是榜样，绿城建立了完备的青训系统，在财政吃紧时终于受益。但这样的俱乐部并不多，重庆力帆和沈阳中泽没有青训梯队，手头缺钱时自然是两眼一抹黑。

职业足球是烧钱的游戏，但也不完全以烧钱论英雄。英超是世界最富裕联赛，从各国收揽大批精英，但在欧足联排行榜上连第二座次都随时可能被德甲夺走。西班牙和意大利的经济危机都很严重，结果意甲水准直线下降，西甲却稳居欧足联第一联赛。德国和西班牙出色的青训发挥了关键作用。上海东亚便是中国的标兵，他们没有巨额投入，但徐根宝培养的一批青年才俊，在中超站稳了脚跟。

恒大们纵然“搅乱了市场”，但也给青训出色的俱乐部带来了机会。如今中超，稍好的球员就可以卖个几千万人民币，这已能极大减轻俱乐部的运营压力。

假设没有恒大及其他欲借势中国足球的公司，中国足球会怎么样？不妨想想恒大进入前，中国足球半死不活的惨状吧！还可参照一下同为“后专业化”时代的东欧联赛。国际职业球员协会日前警示，球员们最好别去塞尔维亚联赛踢球，那里16家俱乐部，有8家俱乐部的账户被银行冻结，无法给球员和职员发工资。感谢政府的重视，感谢中国的国力，中国足球活得还不那么糟。

万一佩兰失败了呢？

文/骆明

2015年1月的电视机或电脑前，有太多伤心得太久的球迷，为国足在亚洲杯的一路挺进热泪盈眶。最大功臣无疑是佩兰，他的成功不过再次证明了一个好教练对于球队的作用。

中国球迷经常指责中国足协“不按足球规律办事”，但很多球迷自己也会说出明显有违足球常识的谬论，最经典的一条就是：“中国球员水平就那样，哪个教练来都没用。”

当然，先得看是什么“用”。如果要求中国队拿到世界杯，那么即使穆里尼奥和瓜迪奥拉尽弃前嫌、精诚合作执教中国队50年也没用。哪怕是世界杯出线也不容易，至少笔者个人的心愿，只不过希望中国打进十强赛（2018世界杯已改为12强赛）而已——这个底线目标已经连续三届没实现了。

这三届世界杯，中国队都折得有些蹊跷。2006年预选赛，在与科威特比净胜球时，足协败在了远洋联络不力、掌握规则不清的细

佩兰

节中。2010年世界杯，中国队竟推出双教练，最后一战1比0客胜澳大利亚二队后，休息室里响起力挺福拉多、反对杜伊的喊声，堪称中国足球最离奇场景之一。2014年世界杯则是一次争议极大的换帅，卡马乔的合同官司，足协至今未收场。

十强赛对中国队并非高不可攀。国际足联排名是一个极好的参照标准，中国的该排名一直稳定在亚洲前十上下（如去年底为第96，亚洲第9）。来个好教练，发挥正常进十强赛即有戏，但若教练不得法，不进十强赛也不足为奇。假设中国仍由傅博式的土帅掌军，估计凶多吉少。傅博执教的比赛有个特点，没有压力的比赛常能踢出“巴萨流”，一到重要比赛，开场往往踢得不错，但越往后越糟糕，可见其临场应变不足。而佩兰这次亚洲杯霸气尽显，面对强敌，仍敢在终场前连续换上进攻型球员，为土帅所罕见。

佩兰刚上任时，国内也有不少人质疑佩兰的水平，称他“不是名帅”。笔者当时与他们进行了激烈论战，以中国队的亚洲老九地位，非得需要一个世界名帅吗？佩兰好歹也拿过法甲冠军，这还配不上中国队吗?

2013年6月，笔者曾应邀前往中国足协，为中国队选帅出谋划策，事后笔者还在《体坛周报》上撰文“中国该请什么洋帅”。笔者当时的看法是，中国足协设那么多标准，简直就是把好教练全筛掉的节奏。其实一个标准就够：“好教练”。更具体一些，则是“近年来在欧洲高水平联赛中取得过成功的教练”。中国各级国家队，洋帅请得多了，此前有哪个教练符合这一标准？拿到过一个法甲冠军和两个法国杯的佩兰，算是破天荒第一人。

当然，光有高水平还不够，还得有与中国足协合作的精神。卡马乔来中国前，在西甲已有多年未获成功，但执教过西班牙和皇马的他，无论如何算得上高水平。只是他的上任是万达“强扭的瓜”，加之其天性高傲，与衙门气十足的中国足协难以成功磨合，最终悲剧收场。

2014年法国超级杯在北京举行之前，笔者有幸到访法国使馆，遇到了佩兰并有简短交流。他一针见血地指出了中国队的两大问题，一是中超锋线席位全为外援占据，这让中国队缺乏好前锋，二是中国队员的心理素质影响了他们正常发挥。但他并没有丝毫抱怨或泄气的情绪，而表现出脚踏实地的态度，这恰是卡马乔所不及。

因佩兰的成功而把他捧到天上是不智的。他是适合中国队的教练不假，但在严酷的足球中，失败的教练总占大多数。中国队是亚洲杯行家，在亚洲杯上的成功，并不等于世界杯预选赛的得意，此前洋帅施拉普纳和阿里汉都有过深刻教训。

那么，在接下来的2018俄罗斯世界杯预选赛上，该如何为佩兰设立成功的标准？笔者随机调查了很多球迷，虽然个别人认为非世界杯出线不可，但大多数人的要求仅仅是“进入12强赛”。这说明，多年的失败已经调低了中国球迷的胃口，这对佩兰不无益处。笔者的期望值是，中国队进入12强赛且小组不垫底即是合格，能进入附加赛已是绝大成功，出线则是意外之喜。

不过，球迷在胜利时刻总是宽容的，日后真的遭遇挫折，哪怕是进了12强赛后的输球，一定会让佩兰逃不了漫天批评。其实，足球场上从没有常胜将军，不能因为一个教练一时的失败，就否认他曾经的成功。可中国足协和中国球迷在球队失败之时是不会想起这一点的。于是，国足这30年从没有戴罪立功的主帅，对于一个经常遭遇失败的国家队来说，这太不正常了。但愿佩兰能逃过这一劫。

勿污名化中超裁判

文/骆明

某个中超比赛日的夜里，笔者打开微博，吓了一跳，一路看下来，全是对中超裁判的“吐槽”。中超裁判向来是“弱势群体”，普遍的看法是，反赌扫黑后，裁判不敢拿黑钱，中超干净了很多，但不少裁判属于火线提拔，所以太嫩。不过反赌扫黑都有6年了，这“裁判的锻炼”何时是个头?

看看博友们“吐槽”裁判的论据，诸如两个越位好球被吹、一个犯规动作该出红牌只给了黄牌，总之每条论据都指向一个结论：中超裁判太差。笔者心里有些纳闷，这些“判罚失误”在足球场不是柴米油盐家常便饭吗？于是顺手发了条微博，为中超裁判鸣冤，很多人赞，也有不少人弹，他们历数了中超裁判的罪状：放纵暴力、在判罚失误后找平衡、吹主场哨、吹偏哨……

我相信球迷看到的都是事实，但这在足球场上实是司空见惯，非中超独有。国际足联经常召集裁判，号召他们严惩暴力，这说明统一的尺度很重要。今年中超伤病确实多了点，若真是对球员保护不力，足协完全可以收紧裁判尺度。所谓“找平衡”也从不鲜见，一方初吃红牌后，解说员往往会提示：裁判会不会对另一方下狠手？主场哨和偏哨更是球场标配，有人说“中超裁判偏国安”。笔者对这个没研究，但看看欧洲赛场，这些年不也有过英超裁判偏曼联、意甲裁判偏尤文、巴塞罗那有“干爹”等说法？

事实上，每周的欧洲联赛，裁判错误都比比皆是，就看你想不想黑、怎么黑了。且看笔者写稿前的那个周末，切尔西对曼联的焦点战，德赫亚禁区外手球被放过；曼城对西汉姆联，大卫·席尔瓦被库亚泰肘击面部倒地昏迷，裁判只给了一张黄牌；米兰德比裁判争议不断，至少安东内利的禁区内手球铁定该判点球。

上述这些只是小浪花。英格兰屡次发生裁判脸盲给错红牌的闹剧，门线冤案也曾不断发生，无奈最先用上了“门线科技”。德国人向来以严谨著称，但2013年10月18日德甲出现奇事，勒沃库森前锋基斯林头球顶偏，球出界后从边网进门，裁判却判进球有效——如果这事发生在中超，足够中超裁判被集体黑上五年！其他顶级联赛也一样，《体坛周报》驻西班牙记者武一帆笑言：埃尔南德斯·埃尔南德斯和特谢拉II的误判每轮都能做集锦。

当然，笔者不会天真到认为“中超裁判水平不亚于欧洲联赛”，因为两者节奏相差悬殊。英超裁判职业化程度最高，却留下诸多笑柄，不是他们水平低，而是因为英超攻防转换速度太快。同样，西甲裁判也要面对各种“影视学院的结业生”，他们欺骗裁判的技巧远高于中超球员。即使给笔者一个数据，说中超的误判率与欧洲联赛相当，笔者也相信，若中超裁判执法欧洲联赛，初登赛场时一定错漏百出。

世界杯是个明显例子。被国际足联选中的裁判，在各大洲都是精英人物，但到了世界杯上，却水准参差不齐，一到最后的关键战役，多交给欧洲和南美的顶级裁判执法。当然，欧美裁判也不完美。去年世界杯从一开始就被误判困扰：揭幕战巴西3比1胜克罗地亚，巴西第二球，弗雷德戏剧性摔倒造点，第三球，拉米雷斯犯规在先，日本裁判西村雄一被骂惨了。第二天首战轮到哥伦比亚裁判，墨西哥前锋多斯桑托斯的头球破门被无端吹掉，好在墨西哥还是1：0战胜喀麦隆。次战荷兰5：1胜西班牙，西班牙领先之球，迭戈·科斯塔造点可疑，而荷兰第三球，德弗赖头球破门前，范佩西冲撞卡西利亚斯在先。吹这场比赛的可是意大利名哨里佐利。

裁判如同球员，出错不可避免。可媒体和球迷对球员和裁判有双重标准：前锋十脚射门只中一脚，会被赞为功臣，而裁判20次判罚只错一次，却可能被推上火山口。当然，既然球员常被骂，裁判被骂也属正常，只是每次中超出现误判，都上纲上线到“中超裁判水准太差”，这有点过了。恶果很明显：一是裁判压力过大，更易犯错，二是导致球员和教练更不尊重裁判。

无怪乎中国裁判会抱怨，在国外吹比赛比在国内更好吹。骂声太大，中国足协只得在一些比赛中聘请外籍裁判，国内裁判失去了宝贵的锻炼机会，外籍裁判照样出错频频，足协反而无法处罚他们。

说得“高大上”一点，是否尊重裁判，是民族性的体现。刚才说到英超德甲的离奇误判，可英德球员哪怕受了天大的委屈，都会无条件服从，让比赛顺利进行。爱争论的意大利人则夸张一点，每轮联赛后都可以为裁判吵上一周，虽然意大利向来出好裁判，如光头裁判科利纳。

撰稿人

王恕，笔名杨子江，2000年起成为体坛传媒的驻德记者。14年来与德国足协、德国各级俱乐部建立了相互信赖的友好关系。为国内读者发来了大量详实的关于德甲、德乙、欧洲杯、世界杯以及冠军联赛的第一手资料，并完成了对希斯菲尔德、卡恩、巴拉克、格策等球员、教练的专访，是国内极少数常驻德国的足球专家之一。

程征，毕业于北京外国语学院（今北京外国语大学），曾在《中国体育报》任职，现为《体坛周报》记者。1986年曾采访墨西哥世界杯足球赛，是中国最早采访世界杯的专业体育记者之一。20世纪90年代在南美洲一家华文报纸任职，足迹遍布大半个拉丁美洲，对拉美体育、文化、历史、政治及人文状况有充分的了解和独到的见解，并撰写了大量文章。

夜雕，长期关注荷兰足球，对荷兰足球历史有着较深的研究。曾多年活跃于“橙色风暴荷兰队”论坛，现为《体坛周报》和《足球周刊》特约记者，主要撰写荷兰国家队新闻和比赛评论，曾参与报道了2012年欧洲杯和2014年世界杯。他的比赛评论客观中肯，语言诙谐幽默。

小中，本名李海龙，北京平谷人。中国人民大学国际政治系毕业，后在澳门大学学习葡语。曾供职于新华社，现为《体坛周报》记者，巴西足球专家。好足球，年过不惑常踢不辍。著有《R9记忆：罗纳尔多画传》和《卡卡：足球是宗教　卡卡是信仰》。

刘川，《体坛周报》驻英国记者。毕业于伦敦大学金史密斯学院，获媒体及传播学硕士学位。从2007—2008赛季开始，正式以媒体记者身份在一线现场报道欧洲冠军杯、英格兰足球超级联赛及英格兰国家队的赛事。2012—2013赛季起兼任英格兰足球超级联赛阿森纳俱乐部媒体顾问。

梁宏业，《体坛周报》记者，2003年进入《体坛周报》担任国际足球编辑，主要负责西甲联赛、西班牙队的新闻评论编辑工作。2008年奥运会后前往西班牙巴塞罗那担任前方记者，主要从事巴塞罗那队和西班牙队的报道。工作便利之故，采访过小罗、梅西、比利亚、普约尔、伊涅斯塔、巴尔德斯、皮克等巴萨球员，并参加过2008年奥运会和2012年欧洲杯的前方报道。

彭雷，80后，毕业于北京外国语大学意大利语专业，为人夫，为人父。他是AC米兰和意大利队粉丝，选择意大利语专业就是因为钟爱意大利足球，盛衰不移。2002年世界杯，意大利队被韩国队淘汰后，立即购入马尔蒂尼三号国家队战袍以示支持，殊不知马队竟然退出国家队，三号蓝色成为绝唱。也就是从这届世界杯开始，他进入《体坛周报》进行足球报道工作，兴趣与工作实现完美结合，乃人生一大幸事。

赵威，《体坛周报》驻法国记者，从2001年起一直常驻法国队报集团。多次采访过国际奥委会，国际足联和欧足联等赛事组织，常年跟踪法国队和法甲联赛的报道。协调和主持过《从雅典到北京》《欧洲杯50年》《金球奖50年》和《罗格自传》等众多外版图书在中国的落地。

骆明，体坛传媒——《体坛周报》副总编辑、著名国际足球专家、FIFA金球奖中国唯一媒体评委。

克韩，《体坛周报》记者、国际足球专家、国内资深的足球评论员。

杨建，国际足球撰稿人。

图书在版编目(CIP)数据

速度与激情/骆明主编．—成都:西南财经大学出版社,2016.1
(常读.趣味集)
ISBN 978-7-5504-2005-2

Ⅰ.①速…　Ⅱ.①骆…　Ⅲ.①体育—通俗读物　Ⅳ.①G8-49

中国版本图书馆 CIP 数据核字(2015)第 146145 号

速度与激情
SUDU YU JIQING
骆明　主编

图书策划:亨通堂文化
责任编辑:汪涌波
助理编辑:白宇
特约编辑:孙明新
封面设计:墨创文化
责任印制:封俊川

出版发行	西南财经大学出版社(四川省成都市光华村街 55 号)
网　　址	http://www.bookcj.com
电子邮件	bookcj@foxmail.com
邮政编码	610074
电　　话	028-87353785　87352368
照　　排	四川胜翔数码印务设计有限公司
印　　刷	郫县犀浦印刷厂
成品尺寸	140mm×200mm
印　　张	7.875
字　　数	165 千字
版　　次	2016 年 1 月第 1 版
印　　次	2016 年 1 月第 1 次印刷
书　　号	ISBN 978-7-5504-2005-2
定　　价	32.00 元